一流の人はなぜそこまで、雑談にこだわるのか？

仕事力を常に120％引き出す会話術

小川晋平 Shimpei Ogawa ｜ 俣野成敏 Narutoshi Matano

クロスメディア・パブリッシング

はじめに

お金になる雑談。これが本書のテーマです。

この本の出版オファーをいただいたとき、まっさきに頭に思い浮かんだことがあります。それは、巷にあるような世渡りのための雑談術をビジネス書で取り上げてはいけないということ。

世間で認識されている「雑談」とは、「いかに人に好かれるか？」「いかにその場を盛り上げられるか？」「いかに間を持たせるか？」といった話に終始しています。たしかに話術に長けていれば人生も楽しくなるでしょう。しかし、いくらトークが上手で人気者であったとしても、そのこと自体はビジネスにおいてなんの価値もありません。ましてや私は芸人でもアイドルでも会話の先生でもないわけですから。

そのため、**この本で取り上げる雑談とは「ビジネス上の意図をもってしかけていく非公式のコミュニケーションすべて」と定義づけることにしました。**

ちなみに「公式」なコミュニケーションとは会社の会議やかっちりした商談のことで、この領域についての本もたくさん売られているのを見ると、ビジネスパーソンたちからの需要が高いことが伺えます。

しかし、です。

一日のなかで交わす会話の量は、公式なものより非公式な会話のほうが圧倒的に多いわけです。それにもかかわらず、雑談を軽んじているビジネスパーソンがいかに多いことか。なんなら、雑談ばかりする人をさして「さぼってばかりいて」と文句を言う人までいます。

例えば社内の会議をひとつとってみても、会議というのは本来、「物事を決める」場所です。その会議に乗せるテーマ自体を生み出したり、企画の精度を高めたり、会議での合意形成を有利に運ぶための仕込みをしたりする役割を担っているのは、すべて雑談の領域です。

だからこそ、仕事で大きな成果を出しているビジネスパーソンほど、その成果の源である雑談を「雑」に扱うことは絶対にしません。そして、常に戦略的な意思をもって非公式な雑談をしかけています。

私が一流の経営者たちと雑談をしていると「あなたと会うたびに仕事が増えて困ります」と冗談を言われることがあります。時間潰しでも人気取りのためでもなく、あくまでもビジネスを創発するために雑談をしかけている私にとっては最高の褒め言葉です。

ではそもそも雑談が上手い人と下手な人の差はどこで生まれているのか。

それはひとことで言えば「目的意識の違い」です。

もっといい仕事がしたい。

もっと契約が取りたい。

もっと評価を上げたい。

もっと世の中を変えたい。

もっとアイデアを思いつきたい。

こうした願望が日に日に強まってくると、一日の雑談の総量は変わらなくても、目的をもった雑談をしかける機会が増えていきます。それにともなって「雑談であって雑談ではないもの」、つまり、**意図を持った戦略的な雑談が増えてきて、徐々にその精度も高くなるというわけです。**

逆に言えば、雇われ発想、受け身発想で毎日を過ごしている人は、雑談でお金を生み出したり、人を動かしたりという発想がそもそも湧きません。

恋愛に興味がない人に異性を口説くスキルが身につかないのと同じで、仕事で成果を出すことに関心がない人はいつまでたっても成果に直結する雑談力は身につかないのです。

では、仮に目的意識は持てたとして、どうやったら雑談力は身につくのか。

それは経験を積むことです。

なぜなら雑談力はすでにもっている言語スキルを「チューニング」しながら精度を高めていくものだからです。新しい言語を習得するかのようにまったく知らないスキルを学んでいくことではありません。

最初はたくさん失敗することでしょう。でも、「これは逆効果だったな」、「このパターンは使えるな」という小さな経験を重ねていくことで必ず上達します。

この本は、そうしたチューニングを少しでも容易にする指南書としての側面もあります。

すぐに職場で使えそうなテクニックもあります。ただ、それよりもテクニックの根底に流れている「なぜ、そこまで雑談にこだわっているのか？」に注目しながら読み進めていただくと、読後に得られるものはより大きくなるはずです。

読者のみなさまのご支援のおかげでこの『一流の人はなぜ～』シリーズも第4弾まで来ることができました。本当にありがとうございます。

今回の共著者は『一流の人はなぜそこまで、習慣にこだわるのか』に引き続き、アラサー世代の起業家代表で、経営者仲間のなかでもオジサンキラーとして名高い小川晋平氏です。随所に炸裂している小川節にもご期待ください。

実際、2015年4月にシリーズ前作の打ち合わせの前後の雑談に端を発し、我々は6月からの4ヶ月間で一人あたり売上2億円のリアルビジネスの実績を創りました。雑談は商談の一部である。そんな世界を一緒にのぞいてみましょう。

保野成敏

CONTENTS

はじめに

第0章

戦略的雑談とはなにか?

第1章

相手の心が開く雑談の基本

第2章 情報を引き出す質問と相づちの技術

第3章 世代差を飛び越える雑談

第4章 交流会・飲み会が有意義になる雑談

第5章

社内で有利なポジションをつくる雑談

第6章 営業が思い通りに進む雑談

第0章

戦略的雑談とはなにか?

The strategic chat

ビジネスマンにつかみはいらない

「こんにちは、三河屋でーす！　あれ、今日、タラちゃんは？」

マンガの『サザエさん』に出てくるワンシーン。いわゆる会話の「つかみ」にあたります。世の中の会話本を読むと、このようなコミュニケーションの導入部についての説明が必ずといっていいほど書かれています。「いきなり本題に入らず、雑談をしかけて相手に好かれましょう」という主旨です。

この本もタイトルに「雑談」と書いてあるので、何かすぐに使えるつかみのテクニックが満載かと期待されているかもしれません。

しかし、ビジネス的に言えば**会話の冒頭で家族の話をするのか天気の話をするのか、あるいはプレゼンの第一声で笑いをとるべきか否かといったことは、正直、どっちでもいいです。**

もちろん、最初からアイスブレイクができればこしたことはありません。実際、本書でも「つかみ」に使えるテクニックがいくつか書かれています。

しかし、**雑談で最も大切なのは、話にいつも目的や意図を持って、それを達成することです。**「つかみ」はその過程の一部分にしか過ぎませんし、もっといえば雑談の選択肢のひとつでしかないということを、ここで強調させてください。

ましてや、その一部分に過ぎない「つかみ」がうまくできるか躊躇して会話をしかけることが億劫になってしまうようでは本末転倒です。硬い口調で会話に入って、折をみて雑談を交えていってもいいわけです。

なぜ雑談にこだわるのか？

このように、会話の冒頭から雑談をしかけるかどうかはあくまでもケースバイケースです。

ただ、はっきり言えることは一流のビジネスパーソンほど意識的に雑談を活用しているということ。その理由は単純で、公式の場より非公式の場のほうがはるかに自分の目的を達成しやすいからです。

ボクシングで言えば会議や営業トークは相手が万全のガード体勢をとっている

状態。かたや雑談中の相手はノーガードです。

　これを下のマトリクスを使って説明しましょう。

　縦の軸は会話をしかけるときの相手の状態。「ノーガードの状態」か「構えている状態」かで分けられます。

　横の軸には、会話の話題として「意味のある話」と「意味のない話」を当てはめています。

　この4事象のうち、「相手がノーガードのときに意味のない話をする」のが世間で認識されている雑談

ノーガードの相手に意味がある話をするのが真の雑談

	意味がない話	意味がある話
相手のガードがかたい	**ピンぼけ**	**商談**
相手がノーガード	**無駄話(一般的な雑談)**	**戦略的な雑談**

渾然一体に展開する

ですが、これは実際はただの無駄話。そして「相手が構えているときに意味のない話をする」こと。これはただのピンポケトーク。ビジネスパーソンとしては一番やってはいけない領域です。

「相手が構えているときに意味のある話をする」。これが通常の商談です。

もうお分かりでしょう。**この４事象でもっとも成果が出るのは「相手がノーガードのときに意味のある話をする」という組み合わせです。**

会話全体を「雑談風」に見せることによって、相手のガードを下げる。そしてその間に意味のある話（ビジネスに繋がる話）をどんどんしかけていく。見た目は雑談なのに中身は商談。これが本書で提案する「お金を生む戦略的な雑談」の正体です。

だからこそ一流のビジネスパーソンはなるべく雑談の領域で（自分の思惑通りに）話をすすめて、あとは会議室での承認作業や契約書の作成などのクロージングを残すのみ、という状態を作ろうと意識しています。

人はオフタイムだと身構えないので本音を語ってくれやすくなりますし、人の意見に対しても寛容になります。ということは相手から情報を引き出したり、相手の価値観を変えたりしたいなら、会議室で真っ向から問い詰めるより、非公式な場で「雑談風」の会話をしかけるほうが断然有利なのです。

雑談と商談を分けて考えない！

商品を売り込む場面を考えるとして、普通の人が想像するフローはこうです。本題に入る前に天気や野球の話をふってアイスブレイクをして、そこから急に本題に入っていくという流れですね。

この営業マンにしてみれば雑談と商談はまったく別モノの扱いです。だから「商談」ばかりを重んじて、雑談はおまけ程度にしか考えないわけです。

しかし、いまの時代、価格だのスペックだのに対する商品説明（商談）で勝負がつくなら営業マンなどいりません。**差をつけるのは、いかに雑談で相手のニーズを引き出し、ときに人間的に好かれ、相手の価値観を覆せるかです。**

私の頭のなかでは雑談と商談はインテグレート（統合）されています。

「ではそろそろ本題に入らせていただきます」と線引きをしがちなのが営業マン。分けて考えるから急に雑談を遮って本題に入ってしまうという愚行を犯します。しかし、最初から「灰色」を狙えば、会話は途切れることなく、かつ自分の目的を容易に達成できるようになります（ガードが下がっているため）。

分けるのではなく統合。白黒ではなくグレー。ビジネスでは、このグレーの扱い方が非常に重要です。

イメージとしてはグラデーションです。雑談から入って相手が気づか

雑談と商談をシームレスにつなげる

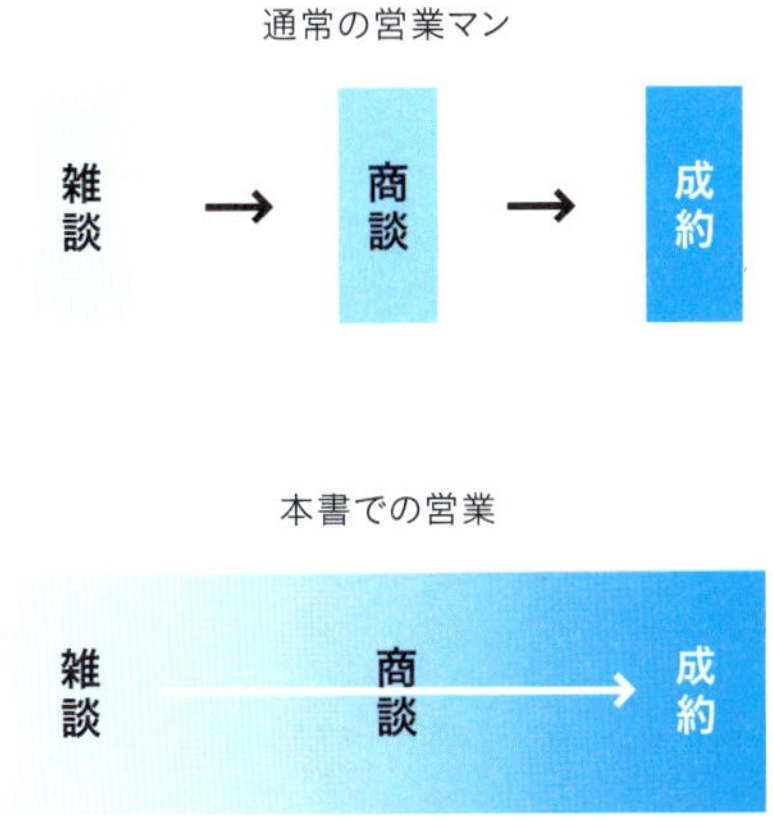

ない内に、核心をつく話に入っているような状態です。

雑談は手探りに最適

それに、雑談の強みのひとつは色を消せることです。つまり、自己主張をしない限り、相手の年齢、性別、ポジション、趣味嗜好がなんであろうといかようにでも話を合わせていくことができます。

たとえば会話をはじめてみて中身がファジーな（ぼやけた）状態というのはみなさん経験されたことがあるはずです。「この話、どこにいくんだろう」、または「この人、何を考えているんだろう」という状態です。そのようなときにふわふわした状態のまま会話を終わらしてしまっては何も生まれませんし、かといっていきなり自己主張をしても無駄な対立関係を生む危険があります。

そういうときこそ柔軟な雑談が活きてきます。

結局、目の前の人をクロージングしたいのであれば、ギリギリのところまで相手の許容範囲のなかに収まるように努めないといけません（許容範囲を超えた瞬間、あなたの話を聞きいれてくれなくなります)。だからこそ雑談を駆使してそのファジーな状態を少しずつクリアにしていき、自分がはまると確信を持てたところがあったらはじめて色をつければいいのです。

雑談は後出しジャンケンが基本。営業の場であったり、交流会でのあいさつの場であったり、相手のことを知らないときこそ雑談力がより発揮できます。

雑談のステップとは

なんども言いますが、その場しのぎの意図のない雑談はこの本のテーマではありません。一見するとただの世間話をしているように見えて、実は本人にはゴールへの筋道がいつも見えている状態。これが戦略的な雑談のあり方です。

もちろん、筋道と言っても初対面の人に対して最短距離でクロージングにもって行くのは至難の技です。

そこで実際はいくつかのステップを踏むことになります

私たちの考える戦略的雑談を時系列でみるとこうなります。

①初対面のとき

相手との間でどんな価値を生み出せるのか探るために、相手のことを知る（語ってもらう）。必要であれば相手を褒めたり、自己開示をしたりして好感度や信用度を上げ、心を開いてもらう。同時に、関係を一過性のものにしないために、何らかの用事をつくったり、次のアポを取ったりする（「さっきの話、調べてすぐに連絡しますね」、「ぜひ近い内に◯◯を食べにいきましょう」など）。

②関係性が少しできた状態

お互いの欲するものやアイデアを共有しあい、新たな価値を生み出す。必要であればさらに信用を得るための布石を打つ。また、状況次第では相手の価値観を変えるように仕向ける（納得させる）。

③関係性が深まった状態

信用を損なわないように意識しながら、お互いの近況をアップデートしあう。
ここまでくると会うたびに仕事が生まれるようになる。

このように、**初対面のときほど「関係性を詰めていくための雑談」や「相手のことを知るための雑談」というような、最終ゴールから遠く見える会話が増えますが、これらも目的を達成するための一手段です。**（1章、2章でこのあたりの手法について説明します）。逆に関係性が深まってきて、お互いツーカーの間柄になってしまえば、いきなり本題に入ってもいいわけですから雑談の比重は減っていきます。

そして、究極の形は雑談を一切しないでも成果が出せることです。

電話営業での大失態

私たちがこうした意図を持った雑談をいつごろ、どうやって身に付けたのか、そのあたりについてもふれておきましょう。

私がはじめて起業したのは通信系の商材を売るコールセンターでした。

学生時代はトレーダーやカジノプロといった、度胸と数学的センスがあればなんとかなる仕事をしていましたし、起業前は会社員としてSEをしていましたので、BtoCの営業経験など皆無でした。

周囲には反対もされましたが、幸い、起業の際にベンチャーキャピタルが入ってくださって、そのツテでスタートアップを専門とするコンサルタントの方が最初の半年間だけお付き合いいただけることになりました。

その方と一緒にチームづくりをしていたある日、私はいつものように慣れない営業の電話をかけていました。

世の中そんなに甘くないわけで、相手はなかなかイエスと言ってくれません。

そこで私は冷静さを失ってしまって、**なにを血迷ったのか「お願いします！」と大声で嘆願をはじめてしまいました。**「もういいじゃないっすか！　買ってくださいよ！」と言いだしそうな勢いで……。

電話を切った直後、コンサルタントの方は大爆笑。

その晩、ご飯に誘われてこう言われました。

「あのな、小川君。君にお願いされてだれが買うんだ？　君自身、電話で知らないやつから『お願いします！』って言われて買うことがあるか？」

「……ないっすね」

「みんなないから（笑）」

「気を付けます」

「僕はあと半年くらいしかいられないんだから、**それまでに君は『自分が言いたいこと』じゃなくて『お客さんが知りたいこと』を言えるようになりなさい。同時に、君の言っていることが本当だと思ってもらえるように工夫をしなさい**」

そのときのアドバイスはいまでも大事な教訓として残っています。

雑談力と営業力は比例する

実際、私の雑談力はこのコールセンター時代に身に付きました。

いきなり一般家庭に電話をかける営業スタイルなので、普通の雑談のようにのんきな世間話などできません。知らない人から電話がかかってきて「いやぁ、今日は暑いっすね～」と言われても、新手の詐欺かと怪しまれるだけです。「もしもし」からスタートしてその電話でクロージングまで持っていくのは正直大変です。電話は1対1なので怪しまれたら最後ですし、お互いの姿が見えませんから相手の外見を褒めることも笑顔や服装で印象をよく見せることもできません。

唯一の武器である声だけで信用を勝ち取らないといけないのです。

もちろん、営業トークについては日頃の勉強も欠かしませんでした。心理学の本を読んだり、ネットで調べたり、実際の営業マンに聞いたり。

とくに現役の営業マンから教わった経験は効果的でした。

最初のコールセンターは間借りだったので、**貸主の会社の優秀な営業マンに「トークを聞かせてください」とお願いをして、笑うタイミングや質問の一字一句まで真似したこともあります。**

雑談に関して素人だった私にとって一流の営業トークのどこがお客様の心に刺さっているのか正直分からなかったので、まったく同じようにやってみないと自分のものにはならないと思ったのです。

そうこう真似しているとだんだん聞かなくてもいいことがわかってきて、自分なりのパターンができあがっていきました。その間、何度電話をガチャ切りされて、プー、プーと受話器の向こうから響いてくる冷たい機械音を聞きながらほぞを噛んだことか……。

そこで学んだことは、相手の心理的なガードを下げるために遠回りをしつつも、最短ルートを目指す攻め方です。

感覚としては詰将棋。自分の発言によって相手はどういうリアクションをするのか常に先読みしないといけません。ムダな一手を打つ余裕などないのです。

いまの私のなかでは**雑談力と営業力はまったく同じものです。**

それに多くの社員を抱える身となった今、雑談の重要性はさらに強まっています。というのも、社長は人を動かすことが仕事ですが、人は他人から動かされるのが嫌いです。社内会議で「これから新規プロジェクトのメンバーを決めたいと思います」と話を振るより、社員とランチをしながら「そろそろ新しいことやりたくない？」と話を振ったほうがはるかにラクです。

私にとって雑談とはビジネス上の障害物を取り除いて、巡航速度を保ったまま仕事を進めるために欠かせないものとなっていますし、いま手がけている仕事の大半も雑談から生まれています。

雑談の必要性を感じなかった20代

私は大手時計メーカーで働いていた20代のころ、来る日も来る日も仕事に退屈していました。

私が担当していたのは貿易実務や生産管理。淡々とルーチンワークをこなし、必要最低限のコミュニケーションを取っていれば仕事は回っていました。

何もかもが新しかった新入社員のころは緊張感もありました。ただ、ルーティーンワーク（定常業務）は、文字通り決まり切ったことを毎日繰り返すことです。そんな環境では戦略的な雑談の必要性など感じようがありません。

最初のうちはそうした毎日をなんとかごまかそうとしました。やり甲斐、宿命、責任感。あらゆる言葉を引っ張り出してきて、どうやったら毎日が楽しくなるかと思案したものです。

しかし、面白くないものを面白いもののように自分に言い聞かせるのはただの自己欺瞞です。

面白くないものは面白くない。

でも、面白くない仕事を与えられるのは自ら仕事をつくりだしていないからだということに気づいたのです。そしてきっとその先には面白い世界が待っているだろうと。

私が雑談の重要性を意識するようになったのはそこからです。

仕事のネタを仕込む。

必要なリソースを取り込む。

刺激を与えてくれる人に会って学ぶ。

自分の思い通りに組織が動くように根回しをする。

これらはすべて自分発信であり、雑談を駆使しないと到底実現できないものです。同時に、毎日の業務でも自分からしかけていく機会が日に日に増えていき、予想通りの面白い世界がそこにはありました。

いま読者の方が仕事に飽きているのであれば、それは次のステップに上がる準備が整ったという合図です。「社会人の最初の目標は仕事に飽きること」だと言ってもいいでしょう。

実際、その後の私は社内ベンチャーに手を挙げてアウトレット事業を取り仕切ることになり、サラリーマン生活は一変することになります。

社内政治は雑談力がすべて

社内ベンチャーという新たなステージでは、雑談力の重要性をとくに痛感することになりました。

もともと話好きではあったので、それまでろくにしたこともない社内調整などもなんとかなるだろうと高をくくっていたのです。

しかし、いざ動いてみても、創業80年をこえた老舗メーカーに、30そこそこの男がはじめた社内ベンチャーの新事業を応援する風土があるわけがありません。「私の話を聞いてください」といっても、冷ややかな目線ばかり。

第一、会社に動いてもらおうと思っても、組織が巨大すぎてどこにボタンがあるのか分かりませんし、分かったところで押し方が分からなかったのです。

その一方で、会社の上層部を含め、社内外の人と接する機会が飛躍的に増えました。そのなかで、**しっかり結果を出している人が、どのように会議室以外の場所で自分の評価を上げ、相手を動かし、そして自分の目的を達成しているのかを、まざまざと見せつけられました。**

ただ、私の場合も、幸いにも定年退職をしたOBの方に2年間、新規事業の顧問をしてもらう機会に恵まれました。メーカー本部の役員候補だった方です。

そこで私が顧問の方にお願いしたのが、ずばり、雑談担当です。

どこかの部署と接点を持ちたいと思ったときに、顔が広くて人望の厚かったその方に切り込み隊長をお願いしたのです。サラリーマンの社内調整にとっての一番の肝は、どこのボタンを押したら一番効果があるか把握していること。その点、顧問の方は最適な人材でした。

最初の2年間に私はその方から社内政治のノウハウはもちろん、対外的な交渉やかけひきの仕方などを次々と学んでいきました。

もちろん、私は事業の責任者でしたから、すべての雑談をその方に丸投げしていたわけではありません。上役レベルでは話を通していても、担当者レベルになると「仕事を増やしやがって」と露骨に嫌がる人たちも多く、根回しや懐柔に骨を折りながら、私自身も雑談力を磨いていきました。

やはり、実戦が一番鍛えられます。

そこから10年の月日が経ち、事業を成長させたあと、私は本社に最年少の上級顧問として戻ることになります。

上級顧問という仕事はほとんどが社内調整。9割5分が雑談です。

20代のときは雑談力など皆無だった自分が、責任あるポジションに10年間身を置いた結果、いつしか雑談だけで仕事が創れるようになっていたのです。

そして独立を果たしたいま、雑談は自分の仕事で絶対不可欠なものとなっています。

もし私が不動産屋の営業だったら……

私たちがいかに日頃から雑談を重視し、その恩恵に預かっているのか、ある程度ご理解いただけたかと思います。

とくに雑談の効果が顕著に出るのは営業の場面です。正直な話、雑談力を身につければ売り物が変わってもなんでも売ることができると言い切っていいでしょう。アプローチの仕方はまったく同じだからです。

たとえば、私が不動産の賃貸を扱う営業だとしましょう。

よく見かける不動産営業マンは、来店されたお客様に決まり切ったアンケート項目を聞いていき(予算、間取り、駅からの距離など)、それを端末に入力してはじき出された物件リストを一緒に見て回って終わり。ただの端末のオペレーター兼運転手です。移動中も物件を見てる間も黙っているだけ。これでは他の営業マンと差別化できませんし、効率も悪いです。売れるわけがありません。

営業マンとして付加価値をつけたいならまずは最初のヒアリングを徹底して、相手のニーズを把握することが肝要です。そのためには聞くことが基本になりますが、それをいかに商談だと思わせないでできるかが勝負です。

たとえば不動産なら土地に関係していることなら話しやすいので、会話の切り出し方としては「暑いなかお越しいただいてありがとうございます。今日はどちらからいらしたんですか？」と聞いてみるのもいいでしょう。

「千駄ヶ谷です」

「いいところにお住まいですね！ご実家ですか？」

「いや、一人暮らしです」

「引越しの理由は、満期になられたからですか？」

「じつは最近結婚しまして」

「それはおめでとうございます！じゃあ生活も一変しますね！」

これが雑談風のヒアリングの一例です。**人は自分の欲求をなかなか素直に話し**

てくれませんので、このように世間話風の対話で相手のライフスタイル（やその変化）を聞き出すことができれば、その後の絞り込みが断然ラクになります。

もし相手が、まだ身構えていると察したら、少し強引に雑談モードにもっていくのもいいでしょう。

たとえば「いま他のスタッフが大家さんに連絡をとっているので、お茶でもお飲みになって少しお待ちください。……ところで」という形で、『いまから雑談に入りますから、リラックスしてください』と暗に伝える手も有効ですし、若い一人暮らしの男性であれば「実はこの物件の近くにすごくいい雰囲気のバーがあるんですよ。ここだけの話、女性と飲むならイチオシです」といったように思いっきり懐に飛び込むのもアリでしょう。

価値観を引き出していく

相手が心を開いてきたら、さらに雑談を通して**「相手が絶対に譲れないこと」（「絶対に欲しいもの」と「絶対にイヤなもの」の2種類）を探り出していきま**

す。ここが商品提案の前提になる根幹ですから、雑談風とは言っても振る話題についてはこれらに近いところを最優先していきます。

たとえば……

「お休みの日に不動産屋巡りをされるの大変ですね。うちで何軒目ですか？」

「3軒目です」

「あら～。ご希望にかなう物件がなかったんですね。ちなみにどんな物件を実際に見られたんですか？」

といった感じで相手が譲れなかった要素を引き出していきます。

相手の絶対に譲れないことが見えてきたら、今度は聞く方から話す方に徐々にシフトして、相手に新しい価値観の提案をしたり、絶対に譲れないこと以外のものをいかに捨てさせるかに注力していきます。

これも雑談風の会話の方が断然しかけやすいのです。

仮に内装が少し気にいらないというお客様であれば、お客様の判断基準のなかから「内装」という要素を捨てさせるために、このような話ができるでしょう。

「不動産業界では内装はあとからいくらでも変えられるので、いわばソフトウェアという扱いなんです。じゃあハードウェアは何かといったら、たとえば日当たりとか、駅からの距離だとか、眺望とか。太陽の位置は変えようがないですからね（笑）。で、日当たりはどれくらい気にされますか？」

「日当たりは大事です」

「そうですよね。ここ、ちょっとだけ古いんですが、窓が大きくて日当たり抜群。駅から近いし、予算もこれくらいでお手ごろです。ご興味ありますか？」

このように少しずつ核心に近づいていくのです。

雑談力はあらゆるビジネスシーンで使える

不動産の営業トークの例を出しましたが、雑談力はあらゆるビジネスシーンで活用できますし、基本的なしかけ方は同じです。

たとえば先日、ある出版社の方と飲んでいたときのこと。

その出版社の学生アルバイトのオタク率がいかに高いかという話題が相手から

出てきました。完全に雑談です。

ただ、優秀なエンジニアを常に探している私にとって、その話題は十分興味をそそられました。

「いいじゃないですか。うちなんてそういう学生もっと欲しいですもん。ちなみにどうやって集めているんですか？」

「東大とかに行ってビラまいているんですよ」

この会話をきっかけにして、印刷代をこちらが負担することを条件に自社の募集ビラも一緒に配布してもらえないか、その上司の方にかけあってもらうことができました。

このように普段から雑談と商談を統合して考えていると、どんな雑談であろうと価値が生まれそうだと思ったらアンテナが反応するようになります。

企画を上司に通すなら……

社内でもまったく同じで、仮に自分で考えた企画を上司に承認してほしいと思ったとき、わざわざ上司と公式なテーブルで対峙する必要などありません。

上司のことをよく知らないのであれば、ごく自然に雑談をしかけて、上司の価値観を知ることが先決(ヒアリング)。そして上司が欲しているものと自分がやりたいことが一致するかどうか探ります。

その過程で自分がやりたいことの刷り込みもできるでしょうし、アイデアの概略を「軽く相談」することで反応をみることもできるでしょう。**雑談なので相手の反応が渋かったらすぐさま引けばいいのです。**

そして上司がNOと言わないだろうという状況が作れたら、はじめてフォーマルに提案する。いきなり課内会議で企画を発表するのと、雑談で下準備をしておくのを比べたら、どちらの実現率が高いか容易に想像できると思います。

ビジネスで人を動かしたいなら相手のガードが下がったときに行うのが基本です。もっというなら相手のガードが下がっていたら有効活用する。

上司とパチンコの話ばかりしていてもしょうがないのです。

雑談で開ける新しい世界

戦略的な雑談は、ビジネスシーンだけでなく、プライベートでの恋愛や、人への頼みごとにも使えます。

「あの人と付き合いたいな」「これ自分だけでやるの大変だな、どうにかなんないかな」と、なんとなく思っているだけでは、無意識に行っている日々のコミュニケーションは変わりません。まわりの人を動かすことはできないのです。

雑談に「目的」と「戦略」を持つ。

これだけでガラリと人生が変わります。

この本をきっかけに、雑談に対するパラダイムシフトが起きることを願ってやみません。

第1章

相手の心が開く雑談の基本

The foundation of chat opening one's mind

相手の心を開かないといけない場面はビジネスでもよく遭遇します。

しかし、何度も言いますが好かれること自体は目的ではなく、自分がやりたいことに相手が協力してくれること（有償・無償問わず）が目的です。

たとえば相手がガードを張っていて何も語らない場合、心を開かないと相手の情報を知ることすらできません。または重要人物とビジネス上の接点を持ちたいと思ったとき、相手の心を開かせてしまうのが一番てっとり早いアプローチの仕方でしょう。それに、自分の考えを相手に受け入れてもらいたいときも、相手が心を閉ざしていてはあなたの言葉に耳を傾けてくれることもありません。

そもそもビジネスでは、できるだけ味方を増やして、無駄に敵を作らないという姿勢が重要です。そのためにも周囲の好感度を自分に寄せる雑談術は必ず身につけておきたいものです。

1 相手の「ベルト」を褒める

仕事を有利にすすめるために相手に好印象を与えたいのであれば、相手がこだわっているものを褒めることが最も簡単かつ有効です。

ここで重要なのは、**本人が変えようがないことを褒めても心に響かないということです。**

たとえば女性に対して「かわいいね！」と褒めるのは「目、2つもついてるね！」と言っているのと同レベル。あまり効果はありません。

触れるべきは相手が時間やお金をかけて行っているこだわりの部分です。

たとえば会食の席で女性がサラダをいろどりよく取り分けてくれたら「さすがセンスありますね。男性なら無理ですよ。家で料理とかよくされるんですか？」と褒める。これが心に刺さる褒め方です。

ビジネスシーンで相手のこだわりが見えやすい場所といえば服装でしょう。

「いつも仕立てのいいスーツ着ていらっしゃいますよね」

「ご自分にあう色、わかっていらっしゃいますよね」

「そのカフス、珍しいデザインですね」

「仕立て」「色」「形」といった、より具体的なこだわりを褒めてみる。そのとき相手に「自分が選んだわけじゃないんです」と謙遜されても、構わず褒めましょう。たとえばスタイリストをつけている経営者も多くいますが、そんなときは「スタイリストですか！　さすがですね！」と、「スタイリストをつける」というこだわりを褒めればいいのですから。

会うたびに同じ服を着ている人であっても、「〇〇さんって、黒っていうイメージありますよね。スティーブ・ジョブスとかバラク・オバマもいつも同じ恰好するっていうじゃないですか。仕事ができる人って本業に集中していらっしゃるのが伝わりますよね」と、**「毎回同じ」というこだわりを指摘すればいいのです。**

つまり、すべては捉え方次第。

私は時計の小売をしていたとき、本社から毎日のように届く新しい商品1つにつき、セールスポイントを10個見つけるということをやっていました。もちろん、広報が用意した商品カタログはありますが、それをそのままお客様に説明しても、あまりに専門的すぎて反応が得られなければ本末転倒です。しかし、セールスポイントを10個用意しておけば、そのいずれかはお客様のハートに引っかかってくれるだろうと思ったのです。

人を褒めるときも同じで、物事を複眼的に、そして立体的に見る習慣をつければ、かならず良さは見つかるものです。

相手を褒める際も、その効果を倍増させるテクニックがいくつかあります。

①できるだけ小さいところを褒める

相手をパッと見て何かに気付いて、それをそのまま指摘するようではまだ序の口です。同じ指摘をする人はごまんといるでしょうからそれでは差別化できませんし、目立ちすぎるものを褒めて「こいつはお調子者だな」と思われてしまっては逆効果です。

私は気付いたもののなかで一番小さいところを褒めるようにしています。

派手な指輪をジャラジャラつけた社長さんと出会ったとしましょう。相手が宝飾関係の仕事をされていたら即座にその話題に触れますが、そうではない場合はできるだけ触れません。きっと散々触れられているでしょうし、そもそもどういう意図でつけているのか分からないからです。

そのかわり、そういった方はベルトやネクタイピンなどの金物にこだわる傾向があるので、そのなかでもっとも目立たないものを褒めます。とくにベルトは褒められる場面などほとんどないはずなので、それだけ効果があります。

ちなみに私は相手のネクタイを褒めた結果、その場でネクタイをもらったことが3回もあります。

プレゼントをいただいたみなさんは、自分よりはるかに年上の経営者クラスです。そのような場では姿勢を正して相手の目を見て、このように言いました。

「3年後、このネクタイを100本買えるようになって、このネクタイをしめて御礼にうかがいます！」

②「そうかも」と思わせる

褒めて終わるだけではなく、何かしらの理由をつけてあげると会話にムダがなくなります。

たとえば帰国子女の人に「英語うまいですね」と褒めるのは、決して悪くはないですが少しストレートすぎます。

そのかわり、このように褒めてみるのはどうでしょう。

「話がすごく筋道立っていらっしゃいますよね。やっぱり英語で考えていた時期が長いからですか？」

「あら、そうですか。でも、そうかもしれないですね。英語だと主語をはっきりさせないといけませんし」

相手に「そうかも」と思わせるトークは理想的です。**「この人、私が気付いていないことまで見抜いたんだ」と思ってもらえますし、どのみち正解などないの**

ですから証拠がある必要はありません（「どうかな？」と言われたら即座に発言を撤回すればいいだけです。あくまでも雑談なのですから）。

③間接的に褒める

褒め言葉のインパクトを増大させる最後の方法は、第三者を使って間接的に褒めるテクニックです。

たとえば洋服のセンスがいい人に対して「ご友人もオシャレな方が多いんですか？」と言えばその人の友人も褒めることになります。または「洋服のコーディネートを依頼されることってありませんか？」と言えば、**「個人的な意見」から あたかも「世間の総意」のような響きに変わります。**

相手の気分が良くなるのも必然です。

以上、褒め方のテクニックを紹介しましたが、もし、たまにしか会わないなどの理由で情報が足りていない相手を褒めるときは、外しのない褒め言葉を使ってフワッと褒めるのが無難です。

とくに女性に対して使いやすいのはこれです。

「化粧変えました？」

もし本当に変えていたとしたら微妙な変化（こだわり）を見抜いたことで感動されますし、もし変えていないとしたら「そうですか。今日は一段ときれいなんで」という褒め言葉を切り出すための伏線として使えます。どう転んでも相手が喜ぶわけですから、セクハラにならない範囲でぜひお試しください。

もし相手が男性であれば「あれ？ 雰囲気かわりました？」と聞けば一番外しがありません。「髪切ったからですかね」、「少し痩せたんですよ」、「ちょっとメガネを新調しまして」と相手が勝手にその理由を言ってくれます。そうしたら「やっぱり」とかぶせていきましょう。

相手を褒めるという行為は相手の気分を良くさせるという直接的な効果以外に、相手に関心があることを伝えるメッセージになります。仮に「雰囲気かわりました？」と聞いて、相手が「最近忙しくてやつれてるのかも」と返してきても、その変化に気付いた事実は肯定的に受け止められます。

ここでのポイントは、自分が相手に持っている関心をいかに伝えるかということ。相手のこだわりや特徴に気づくことがその第一歩ですから、皆さんもぜひ日常に取り入れてみてください。

褒めることで相手に関心があることも伝わる

2 基準値をつくれば違和感が見える

質問をするにせよ、褒めるにせよ、リアクションをとるにせよ、**雑談のフックを見つけるときに必要になるのは「基準値」であり、その基準値を外れたときの「違和感」を機敏に察知する能力です。**

たとえばネクタイの柄を褒めるときも、「世間一般のネクタイの柄とは違うな」と感じるからこそ、「きっとこだわっているんだろう」と想像できるわけです。もしそこで「ユニークな柄のネクタイですね」と褒めてみて「そうですか？ただのペーズリーですけど」と言われた場合、それは「世間一般のネクタイ」という「基準」のつくり方が異なっていたということです。

また、よくあるのは真剣な話をしているのに笑ってしまったり、冗談を言っているのに真剣に聞いてしまったりと、話し手と聞き手の間でズレが生じているケース。これも話を捉える基準が他の人と異なっているときに起きます。

自分には異常値だと思っていたものが相手からは正常値だったとしたら、それは自分の基準値のつくり方を間違えただけの話です。どのみち人の基準値は経験を重ねることでしか作れませんので、若いうちにどんどん失敗して修正をしていけばいいのです。

実際、小川も俣野と出会った当初、俣野のこだわりを褒めようと思って「時計よくかえますよね」と言ったら、「まあ元時計屋だからね……」と言われて、見事に失敗したことがあります。

失敗したときこそ「そうですよね～」と軽く流して、その会話があったことをなるべく早く忘れさせることもポイントです。そして二度と同じ過ちを繰り返さないようにしましょう。

また、雑談の実践を重ねるだけではなかなか基準値はできあがっていきませんから、日頃からアンテナを張る努力も欠かせません。

たとえばワインを飲んで気の利いたコメントを語れるようになりたいなら、最初は同じ銘柄のワインを飲み続けることです。そうすれば、「○○と比べると渋みがありますね」と言えるようになります。

もし日経平均の動きについて語れるようになりたいなら、実際に株を買ってみることが一番簡単な方法でしょう。

仕事の話題でも同じで、特定の分野の知識を身につけておけば、その道の第一人者と話をしたときに「それはいままでにない理論ですね！」と相手が期待する適切なリアクションが取れるようになりますし、「こいつなかなか勉強してるな」と信用を勝ち取ることもできます。

私は元々車に興味がありませんでしたが、ある日を境に乗るようにした理由も経営者には車好きな人が多かったからです。実際に自分が車選びをして、毎日乗るようになれば、自然と車に詳しくなっていくものです。

「最近、ＢＭＷの６５０買ったよ」

社長さんからこう言われたときに車に詳しくない人は「ＢＭＷですか！　いいですね！」と返すのが精一杯。しかし、車に詳しくなればその社長の本音は「現行シリーズのオープンカーを買ったんだよ。俺ってすごくない？」ということだと理解できます。

だとすれば「この季節にオープンカーってさすがオシャレですね」と返答するのが「正解」。相手の欲求は満たされ、好かれる存在になれます。

どの分野で基準値をつくっていけばいいのかは相手次第です。なにも雑学王を目指す必要などありません。それに、雑談の機会が増えていけば「使えそうな話題」はどんどん増えていきます。

ちなみに、自分が特に味方にしたい人、かかわりたい人、取り込みたい人がいる場合に対しては、極力相手の興味の対象に投資するように心がけ、自分の基準値をアップデートしていくことをおすすめします。

自分の正常値を常にアップデートしろ

3 雑談では土足厳禁

声のトーンが低くて、ゆっくり話す人と出会ったとしても、そこで「声、落ち着いていますね」と言うのは危険です。相手が病み上がりの可能性もあり、もしそうだとしたら「やっぱりチカラが入っていないのが分かるんだ」と思われるかもしれません。

実はこれ、私がコールセンター時代にやってしまった失敗です。

このように、雑談をするときは**触れていい話と失礼にあたる話の線引きを理解していないといつの間にか相手を傷つけることになります。**ビジネス上の目的を達成できるかどうか以前の話で、道義的に問題があります。

とくに人の気分を害しやすい話題といえば「家族」についてです。

離婚、死別、不妊、絶縁、ＤＶなど複雑な家庭背景を持った人は大勢います。

そしてこうしたプライベートな話題は、人によってどこまで開示するかの線引きが異なります。それにも関わらず、空気が読めない人ほど土足でどこにでも上がり込み、その挙句「オレは誰とでも仲良くなれるからさ～」とドヤ顔です。

センシティブな領域に踏み込まないようにする方法は簡単で、**まずは自分の話として話題を小出しにしてみて、相手が乗ってくるか判断することです。**

関係性がない状態（初対面のとき）では、自分は相手の境界線の外側にいるわけですから、込み入った話をしたいのであればまずは相手を自分の境界線の内側に入れることが先決。それをせずに相手の境界線を越えようとするのは「オレ、金を出す気なんてさらさらないからおごってよ」と言っているのと同じです。

攻めるときは一気に。しかし、攻めていいか分からないときはエサをまいて、どれが食べたいのかを試す（調べる）。くれぐれも、いきなり根掘り葉掘り話を聞きだそうとする下手な生保営業のような雑談は避けましょう。

微妙な話題は自己開示をして反応を見る

4 「毒舌」と「下ネタ」に関する考察

雑談を盛り上げようと思って毒を吐いたり、下ネタを言ったりする人をかなりの頻度で見かけます。気の知れた友人同士であれば構いませんが、ビジネス交流の場であればそれは厳禁。自分の評価を落としていることに気付いていません。

ビジネスでの雑談で笑いをとるなら「ウィット」。つまり、洗練されたユーモアであり、常に「品位」を保つことが重要です。

毒舌や下ネタとウィットの違いは何かというと、抽象化の度合いです。たとえば個人名を上げて人の悪口を言うのはかなり具体的。人を傷つけたり、不快な気分にさせたりしてしまう恐れがあります。一方、話を抽象化して「○○な人って最近多いよね」というは社会風刺です。だから受けがいい。

欧米では国民性についてジョークを交わすことが多いですが、これも抽象化しているからこそ許される発言。この話が具体的になってしまうと人種差別です。

毒を吐いたり人の悪口を言ったりするのは、できるだけ避けたほうがいいでしょう。**唯一、毒舌が許されるのは、そこに「代案」があるときだけ**。毒舌ブームに浸かっている世間では「愛があれば毒舌でもいい」かのように認識されていますが、ビジネスシーンにおける毒舌は「愛」だけではなく「代案」がセットでないといけません。

たとえば飲み会で上司の悪口を言うなら、具体的な改善策をもっていること（またはすでに上司をフォローしていること）が絶対条件になります。

また、たとえ代案をもっていたとしても、「まあ、課長も足りないところがいっぱいあるけど、おれたちのために責任取れるってすごいよね」というように、**最後は持ち上げて終わらせるのが大人のマナーです**（これが「愛」の部分）。

一方、下ネタはどんな内容であれ具体的にした時点で「下品」になります。大勢で雑談をしているときに誰かがわざわざオブラートに包んだ下ネタに対して、場が盛り上がったのをみてより具体的な例をかぶせて空気を凍らせた経験がある人も多いのでは。

話題は具体化するほど扱いづらくなる

私の場合、毒舌にせよ下ネタにせよ、紙一重の話題が出てきたら雑談の参加者全員がイメージを共有できるくらいのレベルまで話を抽象化するようにしています。たったこれだけで、同じ話題であってもとたんに「大人の会話」に聞こえますし、話題の収まりがつきやすくなるというメリットもあります。

恐怖感を間接的に煽る作品は「サイコスリラー」として名作扱いされる一方で、直接的な描写の映画は「スプラッター」としてB級扱いされます。これと同じで洗練された雑談を目指すなら「抽象化」を意識してみてください。

どこから具体的でどこから抽象的なのかは主観なので、その場で交わされる会話から線引きを察知するしかありません。具体的な話が多い席でひとり抽象論を語っても「なにかしこまってるんだよ」と思われてしまいますので、「ここまでは大丈夫なんだな」という基準値を調整しておきましょう。

5 SNSはリテラシーよりデリカシー

仕事を決めることが最終目標なのに会議以外の雑談をわざわざするというのは、言い換えれば最終目標に向けて個別目標を達成しようとしているフェーズであると言えます。ということは、雑談においてどういうツール（対面、チャット、手紙など）を使うにしても、そのフェーズに応じたふさわしい使い方があるということ。それをわきまえることが雑談力の土台となります。

たとえばネット上の雑談ツールの代表格であるフェイスブック。リンクトインなどとは異なり、ひとつのアカウントで公私の情報が入り乱れています。その分、フェイスブックを社内向けの雑談で使うのは神経を使います。

たとえば、フェイスブック上でプライベートの交流を強制しようとする上司がいれば、それはパワハラ一歩手前です。だれも望んでいない社員旅行を強制する会社のようなもので、乗り気ではない社員にしてみればプライバシーの侵害以外の何物でもありません。

そもそもSNSにおいて公と私のどの領域を見せるか見せないか、そしてどこまで見せるかは人によって異なります。さらに言えば、その配分は固定化している人が多いというのが特徴です。つまり、「普段はプライベートな投稿は一切しない人」もいれば、「プライベートな投稿がメインで仕事ネタはたまに」といった人もいるということ。それは過去の投稿を見れば察しがつきます。

投稿内容の配分はSNSを使う目的によって変わるのでひとまずおいて、問題なのは、「見せる、見せない」という発信領域の話以外に、もうひとつ、「見られたい、見られたくない」という受信領域の話もつきまとう点です。

わかりやすい例で言えば、大学の同級生とのBBQの写真に「いいね！」をしてくる上司。ウンザリしますよね。または、若い女性が女友だちに向けた発信した投稿に対して、「ワオ、セクシー！」などとコメントをしてくるオジサン。イタいを通り越して変態です。

公私が混ざったSNSでは、投稿は誰でも読むことができたとしても、**実態と**

してはあらゆる階層、あらゆるコミュニティーによる限定的な雑談が交わされているということです。

それを意識せず、SNSで繋がっている（公開範囲に含まれている）という理由だけで自分とは関係ないコミュニティーの雑談に加わることは、気配りが足りていない証拠です。

SNSでの雑談ではリテラシーよりデリカシーが重要です。

「この投稿は自分関係ないな」と察したら、上司としては大人の配慮をしてスルーしてあげないといけません。逆に、仕事の成果がアップされていたら、真っ先に「いいね！」をしたうえに投稿をシェアして「うちの若い社員ががんばりました！」と言ってあげるのが正しい社内の雑談です。

ちなみに、個人で仕事をしている人ほどSNSは完全にビジネスでの活用を意識しているので、プライベートな投稿がメインになっている人はほとんどいませんし、仮にプライベートな投稿をしても、それはオフに見せかけたブランディング目的です。もちろん、公開範囲の設定にも気を使っています。

やはりそうした人たちほど社外に活動領域を広げているので、SNSのプラットフォームはあくまでもオンの場であり、「やんちゃをしていたころの地元の同級生たちともつながりたいなぁ」といった欲求を必死にこらえているのです。

ちなみに私はSNSでの投稿は仕事関係がメインですが、投稿内容の比重は不定期に変えています。それは私に対する固定化されたイメージをもってほしくないためです。

SNSは自己開示のレベルがすべて自分の意思でコントロールできるので、それをうまく活用しているつもりです。

自分が加わっていい雑談なのか冷静に考えてみよう

6 過去はダメな話を、未来は良い話を

ここぞという場面で使える十八番のネタはぜひもっておきたいものです。

多くの人は自分語りをするとき、過去の良いときの話をしてしまいます。これ、かなりダサいです。中年のオジサンが高校時代に野球部でエースだった話をされても、「で、いまは？」と思われるのがオチです。本来、過去の話は踏み台にしないといけないのに、いま踏まれているようでは目も当てられません。もちろん、自分の価値をアピールするために自分の実績を語らないといけない場面もありますが、その場合はできるだけ直近の実績を選びましょう。

自分の過去について話をするなら、いまよりダメな話をするのが基本です。昔の自分を低くみせて相対的に今の自分の評価を上げる、期待値調整が目的です。

その際、**いくら辛い経験をしてきたからといってそれをシリアスに語ってはいけません。**この間違いをする人も多くいます。「笑い話聞いてくださいよ～」と

明るく話すことが理想で、こうやって前フリをしておけば万が一滑っても笑ってくれます。「いやいや、それ全然笑えないから（笑）」と。

私の十八番ネタは株で失敗して莫大な借金を抱えたときの話です。でも、間違っても「いや、あのときは着る物まで差し押さえられてしまって、ほんと、どうなっちゃうんだろうって……」と辛気臭く話すことはありません。むしろ、「家も車もスーツも全部取られましたからね！　スーツなんて私しかサイズが合わないんだから、取らなくてもいいのに（笑）」と笑い飛ばすことで、はじめてみんなが盛り上がる鉄板のネタになります。

逆に未来を語るときはいいところをどんどん見せましょう。

ビジネスパーソンの交友関係は「期待感」で決まるといっても過言ではありません。自分を上昇気流に乗った風船かのように見せて、「いまのうちに掴んでおかないと」と思わせれば味方は増える一方です。いかにも自信なさげで、しぼみゆく風船のように思われてしまったら、誰でも手を放したくなるでしょう。

未来の話は現実的なのに、過去の話が大きいとなると、それはもはや映画のエンドロールが流れている状態。しかし、20代前半の人と雑談をしていても、そうした「老人」はたくさんいます。「出世してもしょうがない」と未来を暗く捉えている一方で、サークル時代の話題になると元気になるような人です。そんな人が部下を持つ立場になったら下の世代はついていきたいと思うでしょうか。

異性にモテる人と出世する人は似ています。未来を意気揚々と語る姿を見せて「この人についていったらいいことありそう」と思わせる人です。ドリームトークは無料でできて、しかも人を動かすことができる最高のコミュニケーションツールです。ぜひ活用してみてください。

また、十八番ネタは一回ウケたからといって過信してはいけません。聞き手の属性（年代や職種）が違うところで2、3回はテストをしましょう。そうやって回数を重ねて実証試験をしていけば、どんどん面白味が増していきます。

ドリームトークは無料！

7 目的に応じて選ぶ雑談の6つの領域

雑談といってもものすごい広い領域をカバーしているので、話題選びに悩む人がいるかもしれません。しかし冷静に考えてみると雑談の種類というのはたったの6つしかありません。

時系列でみると、過去の話、現在の話、そして未来の話があり、あとはそれぞれの話を聞くのか、話すのかの2択があります（3×2＝6パターン）。雑談をしかける意図に応じてこれらの6つの中から選べばいいのです。

目的に応じた雑談の選択肢

・**相手が何をできるのか知りたい→過去を聞く**

相手のもっているリソースや信頼に足る人間か把握できます。相手との関係性が浅い段階ではこの領域の雑談が必然的に多くなります。

・自分の実績を知ってほしい。または共感してほしい→過去を語る

自分の売り込みにも使えますが、決して自慢話になってはいけません。自分の権威付けができていなければきちんと示す。それができている限りにおいては、自分の過去の失敗談を話すほうがうまく自己開示ができます。

・相手について持っていない情報が知りたい→現在を聞く

相手が現在抱える課題や潜在的に持っている価値について情報を足し

雑談の6つの領域

	過去	現在	未来
聞く	相手が何をできるのか知る	相手について持っていない情報を知る	相手がやりたいことを知る
語る	自分の実績を知ってほしい・共感してほしい	自分について持っていない情報を共有する	自分がやりたいことを共有する

ていく感覚です。未来を聞いたあとで一緒に仕事ができそうだと思ったら聞くのがいいでしょう。

・自分について相手が持っていない情報を共有したい→現在を語る

自分のことを「使える」「役に立ちそう」と思ってもらうため、または自分の抱える課題を相談するときに選ぶ話題です。

・相手のやりたいことをしりたい→未来を聞く

人を動かしたいなら本人がやりたいことをさせるのが最も効果的です。相手と自分のベクトルが一致するのか、または多少ずれていても軌道修正できそうなのか把握するためにも絶対に欠かせない話題です。私は初対面の人に対しても積極的にこの領域について踏み込んでいくことがよくあります。

・自分のやりたいことを相手に共有したい→未来を語る

自分の夢を語って味方を増やしたいときに触れる領域です。すぐれた上司ほど日頃から部下に自分の夢を語ることでじわじわと共感させることができます。

初対面の人と雑談を通して実際の仕事につなげていく過程では、以下のような順番になるのが理想です。

過去を聞く→過去を語る→未来を聞く→未来を語る→現在を聞く→現在を語る

このとき、未来と現在の間の乖離が大きいほど人は動くことを躊躇します。そのときは補足的に未来を多めに語ることで相手の背中を押すこともできます。

ちなみに関係性が深まり、ベクトルも一致している仲であれば、選ぶ話題は未来の話だけ。どこまで先を語れるか（同じビジョンが見られるか）でアウトプットが変わってきます。

相手のできることを知り、やりたいことを知り、課題を知る

8 自分の「ブロッコリー」に気付け

雑談で化学反応を起こしたいのであれば、自分のもっているものを開示していくことも必要になります。しかし、実際多くの人は自分の持っているリソースをリソースだと気付いていない、または、リソースだと忘れています。

リソースとはお金に変わる可能性を秘めているもの。情報、スキル、人脈などさまざまです。いわば、みずみずしいブロッコリーをもっているのにそれが食べられるものだと気付いていない状態。それに気付いていなければいざ料理をするときにレシピに上がることもないので、文字通り宝の持ち腐れです。

リソースをリソースだと気付くのは目利きの問題です。

最初のうちは自分のリソースが何か分からなくても、日頃から相手の持っているもので「これは使えるな」という目利きを繰り返していれば、いずれ自分の目利きもできるようになります。

つまり、他人がうまくいっている仕事には必ず理由があるわけで、その理由にフォーカスしてみれば何がリソースなのか見えてくる、ということです。

たとえば、あなたがとても良い家柄で育ち、ものすごく丁寧な話し方を身に付けているとしましょう。本人としては当たり前のことなのでどれだけ価値のあることなのか気付いていていません。

そんなある日、電話を掛けた先である人があなたに劣らず丁寧な電話対応をしてくれたら、気付くわけです。「なるほど。電話対応がいいとその会社のことも好きになってしまうんだ」と。そして、自分もそのスキルをもっていることに。

これは私がたびたび言っている「すべてはリソースだと思え」という発想に行きつきます。上司や部下、そして社内にあるコピー機からペンまで、すべてリソースです。その価値に気付くことができれば、サラリーマンとしてもう1段階上に上がることができます。

しかし、残念ながら多くのビジネスパーソンはやたらとリソースの重要性を軽視しています。

ソーシャルメディアの使い方が下手な人などはまさにその典型で、リソース（＝投稿するネタ）が悪すぎます。ほかにいいリソースがあるはずなのに、なぜわざわざオジサンの自撮りを載せるのだと……。

結局のところ、自分がわかっている自分のよさを出した結果が、いまのあなたの姿です。もしその結果が芳しくないのであれば、自分が気付いていない自分のよさを他人から引き出してもらわないといけません。

ようは定期的に他人から自分がどう見えているのかフィードバックをもらうことが大切だということです。そして雑談はもっともそれに適した手法です。

とくに経験が浅いうちは自分のリソースなど検討もつかないかもしれません。そのときは「自分がいまやっていること」や「関心があること」を素直に開示すればいいでしょう。感度のいい相手であればそこから何かを拾ってくれます。

すべてはリソースである

9 柔らかアタマで相手に合わせる

もし私がパーティ会場で社会起業家の方に出会ったとして、「私、社会貢献より目先のキャッシュが欲しいんです！」などと言おうものなら、あきらかにその場の空気が凍り付くでしょう。

せっかくの雑談のチャンスから何も生み出せていません。

雑談での基本は相手の価値観に合わせることです。

「この人とは合わないな」と思われた時点で関係性は終了。「この人とは合いそうだな」と思われたら次につながっていきます。

結局、人の価値観はみな多面的です。利己的な面もあれば利他的な面もあり、楽観的な面もあれば悲観的な面もある。だからこそ、自分がもっている価値観のなかで、なるべく相手に近いものを提示することが大切です。

ちなみにコンサルの仕事のように相手の意識を変えることが目的なら自分の価

値観を先出しにします（実際、業界には「先に言ったらコンサル。後でいったら言い訳」という言葉もあります）。ただ、相手の価値観を変える必要がないときは、その場の空気に合わせたほうが得られるものが大きくなります。

ただし、これは迎合しろという意味ではありません。譲れないところは譲る必要はありませんし、違うところは違うと言うことも大切です。上司との関係を考えてみても、ただのイエスマンと時には反論をしてくれる部下とでは、どちらが頼りになるのかはっきりしています。

ただ、反論するにしてもまずは関係性を築いて信用を勝ち取っておくことが大前提。それがない時点でむやみに我を通すことは器用な生き方とは言えません。

価値観を寄せていくときの注意点としては直接的な言葉を使わないことです。たとえば先ほどの場面で「私も社会貢献が大事だと思っているんです」と言い切ってしまうと、本人は喜んでくれても周りの人は「そうだったっけ？」と疑問を抱くかもしれません。それだととたんに身動きがとりづらくなります。

それを避けるためには「やっぱり世界の不均衡って大きな課題ですよね」とい

うように、話を抽象化すること。とくに政治ネタは意見が割れやすいので、どっちに転んでも大丈夫な立場に留めたほうが無難です。みんなの許容範囲の中に納まる言葉を選んでいけば、あらゆる価値観を持った人たちと、話を合わせることができます。このサジ加減ができるようになると強いです。

もちろん、著名人や権力者が「オレの考え方はこうだから」とブレないのもブランディングのひとつです。「その意見、めっちゃわかりますー。あ、その意見もいいですねぇ！」などと言っているホリエモンはみたくありません。

ただ、そこまでのポジションに立っていないのに自分の軸に固執して、やたらと牙をむいて損をしている人が多いのが事実です。我を貫き通すことでより大きなものを目指しているなら大いに結構ですが、ほとんどの人はよくわからないプライドのために頑固になっています。

我を通すのは信用を得てから

第2章

情報を引き出す質問と相づちの技術

Techniques of questions and responses

相手のことを知らないことには関係性はニュートラルなまま。ビジネス的な価値は何も生み出せません。

そのため、相手から話を引き出すための質問術や、相手の会話のアクセルとして機能する相づちは、雑談術のなかでもかなり重要度の高い（かつ即効性のある）スキルといえます。

そしてそのスキルが高ければ高いほど、本当に価値のある情報が引き出せることができるのです。

そのとき忘れてはいけないことは、常にゴール、つまり何が知りたいのかを意識しながら雑談をしかけることです。ゴールが見えるからこそその答えに辿りつくための道が複数あることに気づくことができ、会話に幅をもたせることができるようになります。

また、人は他人から動かされることを本能的に嫌いますが、相手の発する言葉を質問術などで誘導することができれば、あたかも自分の意思で決めたかのような自己納得感を促進することができます。この点も見逃せません。

1 会話は「100%聞く」くらいがちょうどいい

会話本ではたいてい「話の仕方」にフォーカスが当たっていますが、実際に大事なのは「話のさせ方」です。

相手にしゃべらせるとこういった利点があります。

①相手の気分が良くなる
②相手から情報を引きだすことができ、仕事に活かせる
③相手の考え方に迫ることができる（相手の考え方も整理される）
④相手の自己納得感の向上

会話の持ち時間が1分しかないなら自分も話す必要はあるでしょうが、たいていの場合、理想の配分は相手70%、自分30%程度です。これを実現させるためには、「100%聞く」くらいでちょうどいい。それくらい、人は自己主張をしたがる性分を持っています。

たとえばビジネスモデルの話をしたいのに、相手の話が若手社員の愚痴に終始しているとします。ここで雑談が下手な人は「話は変わりますが」と言って強引な軌道修正をしてしまいます。「次に何を言おうか」と自分のことばかり考えているからで、これはただのわがまま。大人の雑談術としては未熟です。

私ならこの場合、「若手社員にはどんなビジネスを創造してほしいですか？」と、質問を使って徐々に話題をずらします。

雑談を戦略的にこなすというのは、相づちや質問を駆使して聞きたい方向に話を誘導していくことなのです。

主導権を渡すふりをして主導権を握る

2 MCより雛壇芸人を目指せ

接待の席などで、自分のトークだけでその場を盛り上げるには、相当高い話術と気配りが必要です。しかし、会話は誰が話しても構わないわけですから、基本的に派手な相づちとリアクションだけで事足ります。

リアクションの基本はサ行です。

さ：さすがですね！ 最高じゃないですか！
し：知りませんでした！ しびれますね！
す：すごいですね！ 素晴らしい！ 素敵です！ スケール大きい！
せ：センスいいですね！ 世界が違うなあ！
そ：そうだったんですか！

これらの言葉をローテーションしていくだけで話し手の気持ちは乗っていきます。イメージとしてはバラエティ番組の雛壇芸人。もちろん、40代以上にもなれば、MCとして会話を回す技術も必要になるかもしれませんが、まずは雛壇を極めることが先決です。若い世代なら周囲は目上ばかりなのですから、変なプライドは捨ててどんどん雛壇芸人をやりましょう。

知り合いから聞いた話で、銀座の某クラブで何を言っても「すごい！」と褒める達人がいたそうです。知人が「すごいって言うのすごいね！」と褒めてみたところ「なにそれ、すご〜い！」と返されたそうです（笑）。

リアクションを極めたらリアクションだけで食べていける証です。

ホスト役の人が「今日は盛り上がらなかったなぁ」と落ち込んでいる姿を見かけますが、それは厳密には「盛り上げが足りなかった」ということなのです。

リアクションだけで価値を生め

3 無口な人にしゃべらせるコツ

少し会話を交わしてみて「この人、ずいぶん無口だな」と感じる場面はよくあります。ただ、そこで雑談をあきらめてしまうのはあまりに短絡的です。単に人見知りで、実はものすごい情報や人脈を持った人かもしれません。

どれだけ無口な人であっても自己承認欲求はありますから、必ず会話のスイッチを押すツボがあります。それを効率的な質問の繰り返しで探っていくことが初対面の人と雑談をするときの基本です。具体例を見てみましょう。

「体を動かすのはお好きですか？」……①

「いや、あまり……」

「文系なんですね～。知的な雰囲気ですもんね」……②

「とんでもない……」③

「休みの日は何をされているんですか？」……④

「普通に家で……」

「そうですか。先週末は何をされてたんですか？」……⑤

「……あ、ＤＶＤを見てました」

「映画がお好きなんですね！　最近見て面白かった映画はなんですか？」……⑥

この最後の質問でおそらく相手のスイッチが入ります。具体的には声が少し高くなり、早口になるはずです。

車で言えば明らかにギアが変わるときなので、それを見逃さないでアクセルをふかさないといけません。見たことがある映画であればそれを語り合ってもいいですし、聞いたこともない場合は「詳しくないのでぜひ教えてください」といってさらに質問をすればいいでしょう。

この一連の会話でポイントがいくつかあります。

①最初はイエスかノーで答えられる簡単な質問をする

相手は言葉を発することも億劫でしょうから、選択肢の中から回答を選んでもらうクローズドクエスチョンを投げかけると相手も答えやすいでしょう。仮に相手が無口ではなくても初対面の時は相手が答えやすい質問をするのが基本です。

②広い領域から絞りこんでいく

最初に体を動かすことが好きかを聞いたのは相手の関心事を絞りこんでいくためのフィルタリングです。今回は予想が外れましたが、「運動をしない＝インドア派」という答えが導き出せました。ただ、「インドア」という言葉にはネガティブなイメージもあるので、「文系」という響きの良い言葉を使っています。

③相手を持ち上げる

「知的な雰囲気ですもんね」という言葉で相手を持ち上げているのは、なるべく早い段階で相手の警戒心を解くためです。「体を動かすことが好き」という回答だったら「体、絞れてますもんね」と褒めておけばいいでしょう。

④ 選択肢が絞れないときはオープンクエスチョンで

文系だと分かったところで相手の興味を予想をするには情報が足りないので、ここでは相手が自由に回答できるオープンクエスチョンを投げかけています。聞き手の感覚としては、会話のキャッチボールを2往復したのでそろそろ話してくれるかな、というくらいのレベルです。

⑤ 過去を聞く

まだ心を開いてくれていない様子だったので、一般論ではなく過去を質問してみました。多くを語らない人であっても、自分の過去を語れない人はいません。過去を聞く質問テクニックはかなり使えるのでぜひ覚えておきましょう。

⑥ スイッチが入ったらオープンクエスチョンで

せっかく相手が話出したのに「はい」か「いいえ」で答えられる質問を投げかけてしまっては、またスイッチがオフになる可能性が高くなります。５Ｗ１Ｈを駆使して極力相手に話してもらうようにして、相づちもオーバーにとって相手の気分を乗せましょう。

無口な人がいるのではなく無口にさせている人がいる

4

はぐらかされたら2回聞く

同世代のビジネスパーソン同士の雑談で話題に上がるのはもっぱらお互いの仕事についてです。仲間でもあり、ライバルでもある関係の人とは、どうしてもお互いの腹の探り合いの様相を呈してくることが多くなります。

「どう？ 最近もうかってんの？」

「そんなことないよ……そっちは？」

「うーん。あいかわらずかな」

完全にお互いガードを張っています。

そんなときに使える簡単なテクニックは「しつこく聞く」です。

当たり前のように見えるかもしれませんが、実際、普段の雑談での使用頻度はかなり高いものです。コツは、２度目は引き気味ではなく押し気味。ただし、２度目でも反応が薄ければ退きましょう。

「最近もうかってんの？」

「そんなことないよ」

「そうなんだ、へ～。じゃあ最近で一番調子がよかった仕事はどんなの？」

「うーん、それでいうとこの間の……」

経験上、２回聞くと答えてくれることが多いですが、逆にこれ以上聞くと相手を本能的にイラつかせてしまうので、攻め方を変えましょう。

「あらま～、もうかってないんだ。そりゃ大変だね。集客のアドバイスとかしようか？　ほら、オレ一応プロじゃん？　あ、資金繰りとか大丈夫？」

「……いや、そこまでじゃないし」

「じゃあ、もうかってんじゃん（笑）」

ある程度関係性ができている相手にしか使えませんが、かなり有効です。

3回聞いたらキレられます

5 聞きづらい情報には代替指標を使う

あなたは営業マンです。取引先の女性社員に好意を抱いた会社の先輩から、「年齢を聞きだしてこい」と厳命されました。

さて、みなさんならどうするでしょう。

相手が明らかに20代であれば直接聞いても問題はないでしょうが、30代以上だとそういうわけにもいきません。

私ならとりあえず社歴を聞いて、もし社歴がそれなりに長かったら「新卒で入られたんですか？」と重ねてききます。商談前後の雑談であればなんら違和感のない質問ですし、何より年齢を計算するのにもってこいの数値です。

もちろん、そこで「1年目です」と言われたら前職について探りを入れていき、最終的に足し算をしてざっくりとした想定値を導き出します。

このように、本来知りたい情報が入手しづらかったり、定量化しづらかったりするときに使う代わりの指標のことを「代替指標」と言います。

たとえば「WEBサービスの顧客満足度」とひとことで言っても、それ自体は数値化できませんので、「離脱率」や「継続率」や「流入にくらべて流出がどれだけいるか」といった客観視できる変わりの指標を用いるわけです。

そういう意味では社歴以外にも「子どもころに夢中になっていたアイドルやアニメやドラマ」ですとか、「(年代は狭いですが)ゆとり教育を受けた世代かどうか」ですとか、代替指標になりうるものはいくらでもあります。

雑談で相手に直接聞きにくいこと、または相手が数値で語れないことがあったら、真っ先に「代替指標はないか」と考えるクセをつけるといいです。ものすごく単純なことですが、それを意識しだすことでいままであきらめていた情報でも入手できるようになるのです。

あきらめる前に代わりの目安がないか考える

6 質問を研ぎ澄ませ

相手から情報をできるだけ引き出すためにも質問のスキルは磨いておきたいものです。

ただ、よく講演会などで、質問を一気に2つも3つもする人に遭遇します。聞きたい気持ちはわかるのですが、いくつも質問をされる側としては億劫に感じる人もいますし、ひとつの質問を答え終えたらほかの質問を忘れてしまうケースもよくあります。

質問をするときはひとつずつ聞くのが鉄板のルールです。

質問される人のキャパを超えないようにするというマナー上の理由も当然ありますが、そもそも3つも質問したところで相手が丁寧にすべて答えてくれる確証などありません。もしかしたら意識的に自分が答えやすい質問しか回答しない可能性もあります。

雑談において質問を投げかけるという行為は、相手の思考を縛ることができるという意味で非常に有利です。それなのに、3つも質問をしてしまったら相手に選択権を渡すことになるので、思考を縛ることもできなくなります。せっかくのチャンスをわざわざ潰す必要はありません。

質問をして確実に回答を導きだしたいのであれば、「いかに相手が答えやすい質問をするか」を意識することがとても大切です。

つまり、相手に答えをはぐらかされたときに「何か隠しているのかな」と早とちりするのではなく、「もしかして相手が答えにくい質問をしてしまったのかも」と気付けるかどうかです（大半の人は気付いていません）。

たとえば私は講演後の質問タイムなどで「起業されたころ大切にされていた心構えを教えてください」といった質問をよく受けます。もちろん、それっぽい答えはいえますが、それはいまだから言える話であって、当時の心構えなど正直にいって覚えていません。

でも「起業当時に一番時間を割いていたことってなんですか？」という行動を

聞く質問なら答えられます。

このように「思考よりアクションを聞く」方が答えやすいのです。

他には「一過性のものより継続性のあることを聞く」というのも大事です。「いままで一番大きな売り上げは？」と聞いても再現性がない話なので話し手としてはトーンダウンしがちです。それよりも「収益の柱となっているのはどんな事業ですか？」と聞いたほうが話しにも熱が入るでしょう。

あとよくあるのは成功者の方に対して現在の話を聞く行為。これもあまり感心しません。「成功したあとより成功する前を聞く」のが基本。「社長が20歳のころってどんなことをされていたんですか？」というふうに、質問者の現在にフィードバックしやすい質問を投げかけられると、答えやすくなります。

相手が答えやすい質問とはなにかを意識する

第3章

世代差を飛び越える雑談

Get over the generation gap by chat

ビジネスにおいて会話の相手を選ぶことはなかなかできません。自分の父親のような世代を相手にすることもあれば、右も左もわからない若い人を指導しないといけないこともあります。

そのとき、多くの人は「話題や価値観が合わなかったらどうしよう」と悩みます。しかし、その心配は無用。ジェネレーションギャップなどそもそも埋める必要がないからです。

雑談をしかけるときの基本は「聞くこと」です。けっして「自分の話をすること」ではありません。もしビジネスで結果を出すことが目的なのであれば、自分のことを話すときには、後出しジャンケンにしたほうが有利です。

話を聞くという前提に立てば、知らないことがあったら質問をすればいいだけですから、自分の無知を怖がる必要などないはずです。

世代を超えた雑談力は必ずや強力な武器になります。

1 雑談でしか得られない情報をとりにいけ

ビジネスにおける情報はとにかく早さが命です。

インターネットによって情報の拡散性は高まりましたが、グーグルで検索して出てくるものが情報だと思ったらビジネス的にはアウトです。

たしかに情報を入手できるチャンネルは多様化しました。しかし、**実は情報源自体は変わっていません。しかも、二次情報が拡散するほど一次情報の価値が上がるわけですから、ライバルより早く情報をつかみたいのであれば「より上流」を攻めないといけません。**これが情報収集の大前提です。

ただ、いままでインターネット検索レベルで満足していた人がいざ上流に行こうと思っても、ほとんどの人はそのルートが分かりません。完全なブラックボックスの状態で、結局ほとんどの人はここで断念してしまいます。

ブラックボックスの状態を打開するのは簡単です。

たった一か所でいいので穴をあけるだけでいいのです。その穴から自分が欲している情報に手が届くかは別として、ぼんやりと周囲が見えてきます。

では穴をどうやってあければいいか。

それは雑談を使って上流にいそうな人とつながることです（そのコツはこの本を参考にしてください）。相手は著名なコンサルタントかもしれませんし、もしかしたらあなたの会社の社長かもしれません。きっかけなどなんでもいいです。

普段自分が会えない人と会っていそうな人と一点突破でつながってみること。すると、上流にいる人たちがいかに横でつながっているか驚くはずです。

あとはひとつひとつ糸を手繰っていけばいいだけ。

大切なのは最初の一歩です。その穴を開けてみてください。

上からの招待状を手放すな

2 鉄壁の城門をこじ開ける戦法

サラリーマンによくある悩みとして、「係長や課長クラスであれば雑談はしかけられるのに、部長クラス以上になるとたんに怖気づいてしまう」というものがあります。たしかに年齢も離れてくると、なおさら別の星の人だと感じてしまうかもしれません。

話しかけることを躊躇してしまう理由は、攻めようとしているからです。百戦練磨の将軍が鉄壁の布陣で固めている堅牢な城門を、その辺で拾った枝一本でこじ開けようとするなら誰でも躊躇します。

しかし、目的は城門を開けてもらうことだけです。

それなら、ただその門の前に歩み寄って、ごく普通にノックをして、「おつかれさまで~す。援軍として馳せ参じました~」と言えばいいわけです。

ここで重要なのは、いかに役に立てるかを前提に考えるかです。

「部長に貢献できそうなことはなんだ?」。それを考えること。

もしかしたら部長はパソコン音痴かもしれません。

または20代社員の価値観や嗜好を知りたがっているかもしれません。

はたまた、釣りの先生を探しているかもしれません(笑)。

もし部長がパソコン音痴なら、部長がパソコンで困ったときに気軽に呼び出せるポジションを狙ってみてはどうでしょう。**こういったスキルは比較優位の話なので、実際に自分がパソコンで一流である必要すらないのです。**

もし相手のニーズが分からないのであれば、雑談で聞けばいいだけです。

「ちょっと手が空いたんですが、なにか手伝えることないですか」と。

貰いにいこうとするから相手は一番高い状態にいるわけです。

しかし、与えにいくなら相手は一番安い状態です。意識を変えてみましょう。

釣りバカ日誌のハマちゃんを見習え

3 一流の人に好かれる雑談相手とは

変化することを恐れず、新しい意見を取り入れることを躊躇しない「素直な人」ほど雑談相手として好かれます。またそういった人は柔軟なので、あらゆる雑談の場面にうまく溶け込むことができるのも強みでしょう。

やはり、固定観念が強い人や、保守的な人、頑固な人とは意見も衝突しやすくなりますし、相乗効果で新しいものが生み出せる機会も少なくなります。

とくに私たちは他人の人生を改善することを仕事にしています。今の立ち位置から次の立ち位置へ登っていくお手伝いをするわけですから、現状に満足して自己改革の意識がまったくない人は、雑談をしていても「これ以上話しても動かないだろうな」と限界を感じてしまいます。

自分に自信がなくて一流の人と雑談をすることを躊躇している若い人をパーティ会場などで見かけますが、雑談相手になるだけなら知識も実績もお金もステータスも関係ありません。

ひとそれぞれに役割や活用の仕方があります。変に自分を良く見せようとせず、「自分はこうです。どうぞいじってください」と自分で作っている壁を壊す。その素直さも立派な価値です。

たしかに引き出しが多い人や機転が早い人はそういった雑談の場で活躍しやすいでしょう。でも、そういった人たちも最初から雑談上手だったわけではありません。謙虚な姿勢で自分を高めてきたからこそそのポジションにいるのです。

素直さとは言い換えれば「自分はまだ変わっている最中だ」と思えるかどうかです。自分を変えていくことに対するコミットメントの度合いと言ってもいいでしょう。とくに若いビジネスパーソンは、いまの自分が完成形だと思ってしまった時点で成長は止まり、人が離れていきます。

私は自分ではかなり頑固だと思っているのですが、言われたことはすぐにやってみるように心がけていますし、自分の発言を変えることもまったく怖くありません。その結果、周囲からは素直だねとよく言われます。

私は大企業での働き方をこの目で見てきたので、上司から気に入られる部下の最大の特徴はまさに素直さであることを痛感しています。

「でも」「ただ」「しかし」が口癖になっている部下には教える気も失せますし、それがつづけば対立関係になってしまい、上司からいい仕事が降ってこないという状況に追い込まれる可能性もあります。

もちろん、上司の言うことをすべて鵜呑みにする必要はありませんが、せめて相手の言い分を先入観なしで聞いてみる姿勢をもつくらいの気構えは必要でしょう。

成功する人は変化を恐れない。失敗する人は変化を恐れる。

昨日の自分より今日の自分のほうが進化していると実感できるような素直さを身につければ、実のある雑談をしかけられる場面が増えていきます。

素直さは自分を変えるコミットメントの現れ

4

「イケてない」質問とは何か

「小川さんって、いつから4時起きをはじめたんですか？」
「お若いですね。ご結婚はされていらっしゃるんですか？」
「背、お高いですね。何センチですか？」

これらは私が交流会などでよくされる質問の一例です。

そこには共通点があります。みなさんはお気づきでしょうか？

それは、**答えを言ったところで聞いた本人のためにならない、ということです。**

間を持たせたいですとか、距離を縮めたいですとか、それなりの意図はあるでしょうから丁寧に答えますが、正直、あまり面白くありません。

とくに気分が落ちるのは週刊誌的なノリで聞いてくる質問（知的好奇心とは異なるもの）や、ネットで検索すればいくらでも答えが見つかるような質問です。

それを聞いて何か価値が生まれるのかと。

人が成長するには行動を変えないといけないのに、その行動を変えない前提の質問をされると「イケてないな」と思ってしまいます。

相手が一流なのか、または一流を目指して自分を変える決意があるのかどうかは質問を3回させたらわかります。実際は1回で分かりますが、そこで会話を切ってしまうとイヤなヤツなので、一応チャンスは3回。

そこでイケてない質問ばかりされると、とたんに相手に対する興味が無くなってしまいます。

私が思う「イケてる」質問とは、その答えを聞いて自分を変えるきっかけになるものです。たとえば、

「小川さんはなぜ早起きをはじめたんですか?」

「マルチタスクをこなすコツってなんですか?」

または、前作でも書いた

「小川さんの人生を変えた本ってなんですか?」

という質問でもいいでしょう。

このように質問者の行動指標のヒントになりそうな質問を受けると、私も回答にチカラが入ります。なぜなら「この人は変わるな」と思った瞬間、私としてもその人の役に立ちたいと思うからです（ちなみに右の3つの質問に対する答えは前作『一流の人はなぜそこまで、習慣にこだわるのか？』をご覧ください）。

もちろん、質問者が貢献する立場に回れるなら回ったほうがいいですが、質問の仕方ひとつで周囲に貢献したいと思わせるのも「次につながる人間関係」のつくり方です。その意味で、教養・話のネタを持っている人は有利です。巻末には話題にしやすい教養本を10冊紹介するダウンロード特典も準備しているのでご活用ください。

雑談をするなら有意義に。目的のない雑談をしてお茶を濁すくらいなら、雑談はしないほうがマシです。

自分が変わるきっかけになりそうな質問をしろ

5 オジサンキラーになる秘訣

この節では私が目上の方と接するときに気をつけているいくつかのポイントについて解説していきます。

①雲の上の人にはフランクに接する

私が企業の会長クラスなど雲の上の方と接するときは、あえてフランクな言葉づかいで話すようにしています。無茶ぶりをされたら「会長〜、やめてくださいよ〜」と言いながら相手に寄り掛かったり、驚いたら「マジっすか」と若者言葉を使ったり。もちろん、最低限のマナーは守った上で。

一見すると非礼に見えるのですが、ポジションが突き抜けている人からすれば私など虫けら同様。**何を言われようがその差は絶対的なので、相手も全然気にしないものです。**普段、そういった方は周囲が気を使いすぎてしまってフランクに接してくる若者などほとんどいないので、むしろかわいがられます。

逆に、**自分より少し目上の人（社長、役員、事業部長クラス）には必要以上に丁寧に接します。**もしあなたが平社員なら係長や課長あたりです。彼らは下からの突き上げを気にしているので、あまりきさくに接すると本気で怒り出します。

②年配者には過去を聞く

人生経験が圧倒的に豊富な年配者に若者が何を言っても響きません。なので、基本は聞くだけ。とくに50歳を超えている方は未来より過去の方が長いわけですから、相手をしゃべらせたいなら過去を聞くことに限ります。

それに目上の人はそれなりの武勲を残したからそのポジションにいるわけです。それなら「いろいろご苦労あったんじゃないですか?」、「武勇伝とかあったんですか?」と、その理由をひもといて、最後に「自分もそうなりたいです!」と言えば相手もくすぐられます。

ちなみに会話には「イエス・ノー・トーク（クローズドクエスチョン）」「5W

1Hトーク」「フリートーク」の3段階があり、このうちイエス・ノー・トークは相手が無口だとイエスかノーだけでキャッチボールが終わりやすく、次の質問がすぐに出てこないと話が詰まる傾向があります。

しかし、**5W1Hを意識すると相手の話が引き出しやすくなります。**

「何をやったんですか」

「どうやってやったんですか」

「どこでやられたんですか」

これでぜんぶ話してくれます。あとは3秒に1回くらい「へー」と言って、相手の話が終わったら褒めればいい。

たとえば「会長が20代のころってお休みの日はどんなことされてたんですか?」と聞いてみて……

A.「毎週、クラシックのコンサートに行ってましたね」→「さすがです!やっぱり一流企業の方はそういう崇高なご趣味をお持ちなんですね!」

A.「山に登って山頂でボケーっとするのが好きで」→「素敵です! メリハリ

お持ちなんですね！」

A.「これといった趣味がなくて……」↓「やっぱり仕事一筋でしたか！　そうかと思ったんですよ！」

リアクションの種類など限られているので、何回かやっていれば反射的に言葉が出てくるようになります。

目上の人とは話題や価値観が合わないと尻込みしている人が多いですが、はっきり言ってどんな話題が出てもいいのです。どうせ自分とは関係ないのですから。相手の世界観など分からなくても、共感している様子、寄り添っている様子を見せれば理解者だと思ってくれます。

③知っていても知らないフリをする

相手の話で自分が少しだけかじったことがある話題だと、ついつい「それ知っています」と言ってしまいます。

とくに目上の人に語らせることが目的であれば、むしろ知っていることでも

「私、詳しくないんですよ。教えてください」とへりくだったほうがいいです。

目上の人とマウンティングをしあう必要などありません。

しかも、知らないふりをしていると、相手が話を終えたときに「なるほど、ではこういうわけですね」と、さもいま聞いたことをすぐさま理解したかのように見せることもできます（本当はテレビのコメンテーターの受け売りなのに）。きっと相手は目を丸くして、「まさにそういうことだよ。わかってるね」と褒められるでしょう。「カードは後で切れ」は交渉の基本です。

④「最近の若いヤツ」ではない一面を見せる

若いというだけで「最近の若いヤツらは」と先入観でくくられてしまいがちなので、同世代との違いをアピールすることは意識しています。私の場合、学生時代に体育会の部活で礼儀作法を叩きこまれたのでこの領域は得意です。

たとえば会食を終えて場所を移動するときにタクシーを探さないといけないとなったら、真っ先に探すのはＭＫタクシー。運転手さんがドアを開けてくれるサービスがあるからです。もし、2台必要で個人タクシーとMKタクシーが止まっていたら、「ボクたち前に行かせていただきますので」、「ボクたち後ろからついていきますので」と使い分けて、必ずご年配の方に、MKタクシーへお乗りいただくようにします。

またはお酒の席についたら少し気の利く人は紙ナプキンをとって配るかと思いますが、体育会で鍛えられている人はさらにそれを広げて渡します。相手が「そこまでやんなくていいよ」と言ってきたら「失礼しました」と言えばいいだけ。「若いのにしっかりしてるね」と直接褒められなくても、相手も経験豊富なはずですから心の中で感心されているはずです。

⑤実際にやってみる

関係性を一過性のものにしないためにも、目上の人から言われたことを実際にやってみることは非常に大切。それによって素直さをアピールできます。

とある本が話題に上がったら、忘れないうちに購入して目を通しておきます。

すべて読むのが大変だったら気になる箇所だけ読んで、「この前、会長にすすめられた本すぐ買ったんですよ。すごく勉強になりました。とくに184ページに書いてあった……」と説明を始めれば、相手はそこまで細かく覚えていないでしょうから、むしろあなたのほうが詳しいかのように見せることができます。

またはは相手がワイン好きと聞いたら、次回に会うときは自分なりの付加価値をつけたワインをプレゼントするのもいいでしょう。「高くないんですけど、まわりの友人でおいしいと評判の銘柄で」と相手が裏を取れないプレゼンをするのがコツです。まちがっても「つまらないものですが」と言ってはいけません。

競り合うだけムダ！

6 アホを演じて期待値を下げる

前節で「知らないフリをする」という話をしたように、自分を下げることで相手の立ち位置は相対的に上がります。それによって相手の気分を良くさせるというのも狙いのひとつですが、同時に、早めにアホに見せておけばあとは印象が良くなるだけ、というメリットもあります。

マーケティングにおける顧客満足の式は次の通りです。

顧客満足 ＝ 実際の体感価値 － 期待値

つまり、**期待値を下げるほど顧客満足は上がるということ。相手に提供する価値（体感価値）が同じであれば、期待値を下げたほうが得なのです。**

普通の人はプライドが高いので期待値まで上げようとします。それなのに

もちろん、最初にアホを演じすぎると相手にされない恐れがあるので、「次に会ってもいいかな」と思われる一点だけは死守しながら自分を下げておいて、や

るべきときはしっかりやる。これで顧客満足は飛躍的に伸びます。

逆にいえば自分のポジションが少し上がった時期から、部下や若い人にきさくに接しておくことでイメージを上げられます。

後輩から「先輩って同期で一番の出世頭だそうですね」と褒められると、プライドが高い人は「お前もがんばれよ」と上から目線になってしまいます。とたんに小物感が出ますよね。そうではなく、「じゃんけんに勝ったようなもんだよ。あ、でもこれからも勝ちたいんでよろしく。ずっとパーだすんで！」とユーモアを交えて謙遜できれば、「あの人、良い人だよね」と言われます。

上司は部下から軽い悪口を言われるくらいがちょうどいいのです。コアコンピタンス（本業の領域）はしっかりして、それ以外のところは積極的に崩して親近感をもってもらう。そのほうが組織もうまく回っていきます。

ギャップを利用する

7 上司の壁うち相手になれ

職場で仕事がらみの雑談を上司からしかけられないのであれば要注意です。「あいつに話しても時間のムダだ」と思われている可能性があります。

名参謀、名軍師を気取った「良い返し」など狙わなくて構いません。**ただ、「噛みあっている感」だけは早いうちに持ちたいところです。**

実際、若い人や部下などと話をしていて、「これってこういうことですか？」と言われたときのまったくかみ合っていない感や、「それ、オレに聞くか？」という質問をされたときのピンボケ感たるや。

「こいつ分かってないな」と思われると会話の入り口にすら立たせてもらえなくなります。

雑談相手として最も基本的なスキルは、ラリーです。

ひたすら相手の言葉に耳を傾け、きた球をまっすぐ返すだけ。

1を聞いて10を返すにはセンスが必要でも、1を聞いて1を返すだけなら必要なのは正確性のみ。そのラリーの基本は「オウム返し」です。

「例の案件なんだけどさ」

「〇〇社ですね」

「そうそう。あそこの部長って少し曲者だよね」

「わかります。曲者ですよね〜」

「ただ権限だけはあるからさ。どうにかして弱み握れないかと思っててね」

「なるほど。弱みですね！」

相手の言っていることを返しているだけなのに「噛みあっている感」がありますよね。オウム返しを使ったラリーのコツは「相手の話の要点を拾って返す」こと。そうすると相手も次第に頭が整理されてきて、勝手に納得して会話が終わることもあります。

しかも、基本のラリーができるようになるだけで「あいつ分かってるな」と思ってもらえるのです。信用を勝ち取るのにこれだけ簡単な方法はないでしょう。

それなのにその基本の鍛錬を省略して、いきなり難しい球を返そうとしたり、先読みしたりしすぎて会話の流れを断ち切ってしまう若い人が多くいます。

最初はとにかく正確なラリーを覚えて、「いまからブレストしたいから壁うちがわりになってくれない?」と上司から言われるようになりましょう。そうやって実践経験を増していれば目をつぶってでもラリーができるようになれます。

そのときはじめてバックハンドの練習をしたり、コートの隅に落ちる球を狙ったりしてみればいいのです。

ラリーの基本はオウム返し。話の要点を的確に打ち返せ

8 部下の「やりたいこと」を探る

自分より若い人と雑談をするときに外しのないテーマは、彼らの未来を聞くこと。実績の乏しい彼らの過去を聞いても、多くを語ることはできません。だとすれば、無限に広がる未来の話をしてもらうほうが話しやすいはずです。

私が自分の社員に仕事をアサインするときに気をつけているのも、まさにこれです。**理想的な仕事とは「本人ができること」、「本人がやりたいこと」、「会社が求めていること」の3つの領域が重なる仕事です。**

そのうち「本人ができること」は実績を見ていればわかります。しかし「本人がやりたいこと」は、日頃から雑談を通して聞き出しておかないと判断のしようがありません。

「本人がやりたいこと」には、その彼がどんな価値観を大切にしているのかも含まれます。名声なのか、達成感なのか、プライベートな時間なのか、お金なのかといったことです。

部下から本音を聞き出したいときは、自分の席に呼び出すようなことはしません。少し落ち着いた雰囲気にしたいときは応接室を使ったり、会社のまわりを散歩したりすることもありますし、昼休みもよく使います。

当然、上司の立場からすれば「本人のやりたいこと」をコントロールしたい気持ちも湧いてきます。ただ、あくまでも自発的な意思でないと効果がないので、根気よく雑談を続けて、その気にさせ

3つが重なるところを探していく

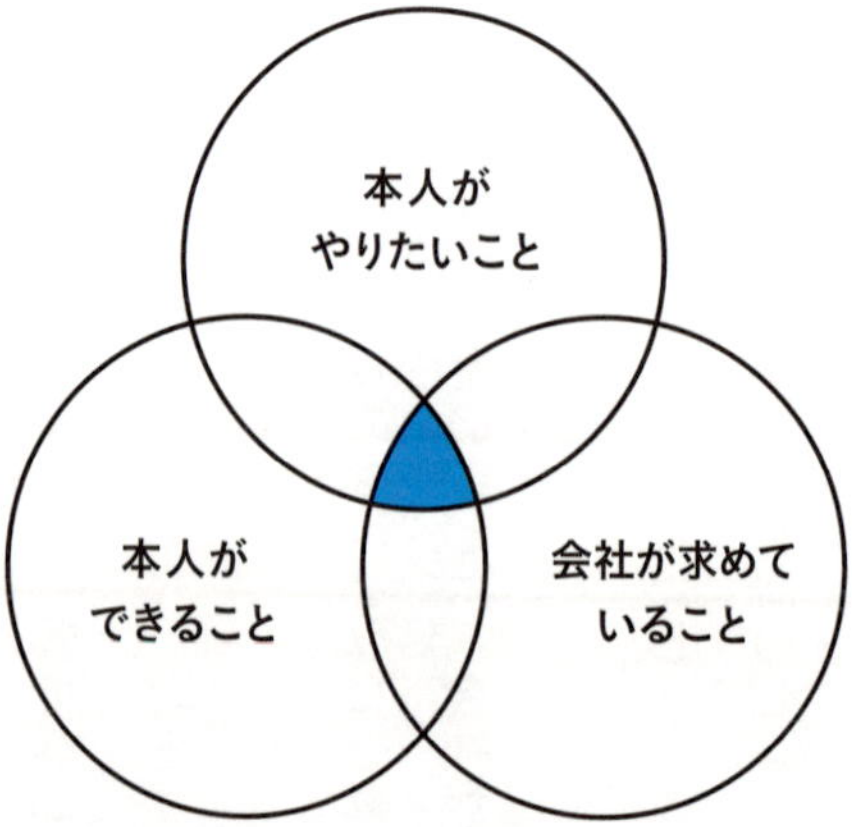

るのが一番です。

もっとも効果のある方法は「いいなぁ。オレなら金払ってでもやっちゃうよなー」と間接的に言うこと。部下からすれば「そうなんだ。これってチャンスなんだ」と得した感覚になります。

幸福とはその人間の希望と才能にかなった仕事がある状態をさす（ナポレオン）

9

仲間内では夢を語る

人は未完成の状態から完成に向かっていく過程が好きです。やっている本人は充実感にあふれていますし、周囲の人も思わず応援したくなる。夢までいかなくてもいいので、日頃から自分がやりたいことを語っていれば手助けをしてもらえます。

私は昔から有言実行タイプ、というか、言わないとやらないタイプです。たとえば私は20代のうちに本を出すという目標を5、6年前から公言していました。まだそのレベルに達していない未熟な自分を見せておくと、周囲はみなよきアドバイザーとなってくれます。

同時に、有言不実行ほどダサいものはないので、口に出すからにはかならず達成しないといけません。感覚としては、巻き込んだ周囲の人たちの期待を背負う感じです。これがまた自分を前進させる原動力にもなります。

それに、やりたいことをいつも語っていると、**実際にそれを達成した暁には、いままで応援者だった人たちはそのまま自分の味方になってくれます。**このメリットの大きさはいままさに実感している最中です。

日本人は不言実行を美徳だと思っている人が多いのも事実です。しかし、視点を変えれば「宣言しない」ことは目標に対してコミットしていない状態だと思われても仕方ありませんし、実務レベルで考えても、ある日突然部下からものすごいレポートをポンと出されたところで、もらった方としては困惑します。「こっちにも都合があるんだから先に言え」と。

有言実行をしない人が多い理由は、不言実行が主流だからというより、そもそも実行をしている人（行動に移せる人）が少ないからという気もします。

私が敬愛する孫正義氏がソフトバンク創業初日にミカン箱の上に立ち、「5年以内に100億円、10年で500億円、いずれは1兆円企業になる」と宣言した話は有名です。

この逸話を前にすると「自分は孫さんにはなれないから」と尻込みする人がい

るのですが、公言したとしてもうまくいかなかったら「公言した事実」など限られた人にしか知られません。自分がまだ知られていないのに知られるリスクを恐れるというのはいかがなものでしょう。仮に孫氏の野望が達成できていなかったとして、「あいつデカいこと言ってたよな」と誰が悪口を言うんだという話です。

以前、ユーチューブで商売を考えているという人から「どうやったらユーチューブで成功しますかね?」とアドバイスを求められました。

そこで私はこう言いました。

「うまくいかなかったら誰にも見られないで終わるだけなので、とりあえずやってみてみたらどうですか?」

有言実行で援軍を増やす

10 未来を語るときの比率

未来を語って人を動かしたいときや自分の味方を増やしたいとき、私の経験上、ぜひ意識をしておきたい黄金比率が存在しています。

それはワクワクとドキドキが50：50の状態。ワクワクとは期待感のことで、ドキドキとは緊張感のことです。このバランスが取れるとその**未来を見届けたいというモチベーションが生まれやすくなります。**

ワクワクを語るときのコツは周囲を巻き込んでメリット感を演出し、そのストーリーの登場人物のひとりにしてしまうこと。「これが成功したらみなさんには役員として活躍してほしいです」といったように。いわゆる期待感です。

一方、ドキドキを語るときのコツはなるべく具体的な障害をイメージさせること。「いまはこういう壁がありますが、絶対に乗り越えられます。なぜならこういう人たちが味方についていますから」と、障害を提示しつつその不安を和らげることができると理想的です。これは緊張感とも言い換えることができます。

ワクワクとドキドキが50：50の状態をマーケティング用語で両面提示と言います。物事の良いところと悪いところを一緒に見せることです。

両面提示はそれなりの経験を積み、そう簡単に動いてくれないビジネスパーソンを動かすときには理想的な技法ではありますが、実は万能ではありません。

効果がないのは自分に対する自信がない人です。こういう人たちには片面提示を使います。物事のいいところ（ワクワク）しか言わない手法です。

自己尊厳が低い人に対してドキドキを語っても「私にはできません」と心を閉ざしてしまうからです。むしろ「誰でもできます。自動でできます」くらいに言って不安を取り除かないと重い腰を上げてくれないのです。

聞き手によってワクワクとドキドキの比重を変える

第4章

交流会・飲み会が有意義になる雑談

Chat at a party

雑談を練習する格好の場所である交流会や飲み会。

こうしたイベント事に積極的に参加しているのに成果が出ていないという読者の方がいたとすれば、それは自分にまだ価値を生み出せるほどの実力がついていないか、もしくは「交流会に行けばなにか起きるかな」くらいの受け身の姿勢（目的意識がない状態）で参加しているかのどちらかだと思います。

とくに多いのが、世の中に埋もれている人が自分を買ってくれる人を探し求めてこうしたイベント毎に参加するケース。埋もれているのには理由があるわけですから、名刺交換したくらいで仕事が取れるわけがありません。

交流の場に行くときの基本姿勢は人の役に立ちにいくこと。それさえ押さえていれば、仕事や人脈、評判といった結果はすぐに出てきます。けっして自らを売り込む必要はありません。

1 大勢での会食では照明係になる

雑談をする場面は一対一とは限りません。とくに会食の席では全体を見渡してその場を盛り上げる能力もときに必要になります。

私が会食を主催するときは、自分が映画監督になった気分でキャスティングを考えます。メインのゲストが決まっているならその人が興味を持ちそうな人を誘うのは当たり前だとして、それ以外のゲストも、良く話す人、気遣いができる人、質問が上手な人、人見知りな人など、性格も特徴も異なる人たちをどう組み合わせればその場が最も有意義なものになるのか考え抜きます。事前の手間はかかる分、配役がハマればあとは相乗効果で会話が動いていきますので、本番では安心して自分の雑談に専念することができます。

私は会食の席では常に俯瞰の視点をもつことを大切にしています。ただ、監督というよりは照明係になった意識です。「この人、さっきからしゃべりたそうだけどしゃべれていないな」と思ったら、質問を振ってスポットライトを当てるようにしています。

ちなみに大勢で会食をしているときに「この人は雑談力がないな」と感じるのは、自分の興味がない話題になった瞬間につまらなそうな顔をする人です。

私たちの感覚では自分のアンテナにかからないネタが出てきたら、それはむしろ質問を投げかけるチャンスです。

「全然詳しくないので、素人質問してもいいですか？」

これが会話の起爆剤として効くのです。

「そんなことも知らないの？」と思われることはあっても、話し手はみるみるいい気分になって話をしてくれます。それによって場を和ませることもできますし、相手が独りよがりの会話になっているのを気づかせる効果もあるのです。

知らない話題が出てきたら質問役に回れ

2 飲食店でひいきの客になる雑談テク

雑談力がそのまま成果に直結すると言えば接待や会食。これから交友関係を広めたいと思っている人がいれば、その雑談の舞台となる行きつけの飲食店をつくらないと不便です。**行きつけのメリットは時間、お金、サービスなどがあらかじめ計算できること。そして急なアポのような不測の事態でも柔軟に対応してくれること。総じて、リスク管理です。**

私が馴染みにしているお店のひとつは、会社の近くにある鉄板焼き屋さんです。何も言わずとも領収書に社名が入るのは当たり前。予約をすれば必ず人数分より一回り大きい部屋を確保してくれますし、貴重な食材が入ったらキープしてくれます。ちなみにほとんどランチしか利用しないので客単価は高くないはずですが、いまではドリンクまでサービスしてくれますし、ランチなのに外まで見送りされます。

行きつけのお店をつくる基本は固め打ちです。週に2、3回顔を出して向こうから「いつもありがとうございます」と言われるのが第一ステップ。ただ、ここで普通の人はお店のボス（店長、大将やオーナー）に雑談をしかけにいこうとするのですが、それは非効率です。ボスはいままであらゆる客を見てきていますから、よほどの上客にならないと心を開いてくれません（目上の人から紹介された店であればハードルが下がっているのでボスを攻めます）。

私がその鉄板焼き屋さんで実践した雑談テクニックを紹介しましょう。

まず、ターゲットにしたのはそのお店で最も若手のスタッフです。なぜなら、電話を取るのも、オーダーを取るのも、領収書を書くのも、すべてそのスタッフが行うことだからです。

若手かどうかはフロアでのスタッフの動きをみていればわかります。そしてそのスタッフが近くにきたらおもむろに話しかけます。

「どれくらい働いてるんですか？」「おいくつですか？」「将来、楽しみですね！」「今後もいろいろお願いすると思いますけどよろしくお願いしますね」と。

もちろん、名刺も渡しておきます。

そういった雑談をしておいて、会計のときはそのスタッフが近くにくるのを待ち、「○○さん、会計お願いします」と名前で呼びます。この時点でスタッフさんの目は輝いています。

そしてお店を出るときに「おいしかったよ、ありがとう」と言いながら体を軽くさわる。これで確実に落とせます。

そして次回以降、そのスタッフが気の利いたことをしてくれるたびに、「さすが○○さん！　なかなかできないですよ、こういう気遣い」と褒めることを忘れずに。そうすればどんどん気遣いされるようになります。

実際に動く若手スタッフと仲良くなれ

3 小さいことこそ神経を使え

私の大学の先輩であるAさん。学生のときから仲間内で数万円単位のお金を借りて返さないクセがあって、ついたあだ名は「設定1」。パチスロ用語で「絶対に当たらない（お金が飲まれる）」という意味です。

Aさんはその後、投資などでまとまったお金が入ったこともあって実業家への転身を目論見ました。そこで昔の仲間たちに対して出資をしてほしいと頼みこんで回ったのです。いい車に乗って羽振りも良さそうだったのですが、いかんせん私たちのなかでは「設定1」ですから、誰ひとり出資した人はいませんでした。

小さいチャンスをモノにできない人は、大きいチャンスをつかむことは絶対にできません。大きなチャンスに目がくらむのは分かります。でも、その前段階でしっかりと信用を積み上げていないとだれも味方してくれません。

ものすごく身近な例でいえば、友人や同期と飲みにいって割り勘になったとして、ひとりあたり3300円で小銭がなかったらいくら払うか。

3000円か、4000円か。

これ、絶対に4000円です。私が極貧時代から徹底しているルールです。払うときは多めに払う。もはや思考のつけ入るスキすら与えません。

お金だけではなく、日頃から時間を守ったり、義理を通したり、人助けをしたり、週に1回くらいは「いいね！」を押してあげたりと、いかに小さな信用を積み上げられるかが重要です。

小さなチャンスは小さいが故に適当に扱ってしまいがちです。

普段、私たちが交わす何気ない雑談においてもそれは同じ。いつも雑談を「雑」に扱っているような人は大事な局面で相手を動かすことなどできません。

小さいことを積み重ねることが、とんでもないところへ行くただひとつの道（イチロー）

4 愚痴だらけの飲み会を有意義な時間に変える

私が好む飲み会とは未来を語り合い、アイデアをぶつけあうような飲み会です。何かが生まれそうな予感がすればするほど、スケジュールを調整してでも参加したくなります。一方で、愚痴だらけの非生産的な飲み会になると分かっていたら、そもそも行きません。

知らずに参加して愚痴だらけの価値のない飲み会であることが判明したら、私はさりげなくトイレに行って、スマホでSNSをいじって時間を潰します。

そこで正義漢ぶるのも敵を作りますし、そうかといってその場の雰囲気に同調などしたくありません。それに途中で帰るのも失礼なので、少なくとも「その店にはいる」ということまでくらいが私にできる精一杯のお付き合いです。

ただ、サラリーマンだとどうしても愚痴だらけの飲み会に参加しなくてはいけない場面が多々あります。「なんだよあいつ、付き合い悪いな」と周囲から嫌われてしまっては何かと不具合が生じるからです。

私はまさにそういった愚痴だらけの飲み会にどっぷり浸かっていた人種でした。最初は何も考えずに参加していましたが、やはり自分の意識が前向きになってくるとそういった飲み会が苦痛になってくるものです。そうかといって付き合いが悪いと思われたくないので、サラリーマン時代の後半は仕方なく参加していました。

しかし、**いま思えばこういった飲み会に参加していたからこそサラリーマンの思考や考え方を学ぶことができたわけで、そこで得たネタをもとにサラリーマンに関する本を何冊も書くことができました。**「おいしいネタを提供してくれてありがとう」という気持ちすらあります。

それに、社長になった今の立場では、ネタ探しのために平社員の愚痴の飲み会に参加しようと思ってもできません。また、社外から会食のお誘いをうけても、さすがに人脈の大部分が入れ替わっているので、非生産的な飲み会の誘いはほとんどこなくなります。

実はこれ、重要なポイントであって、愚痴だらけの飲み会に呼ばれている時点で「同類」だと思われている可能性が高いということです。

若いときからこの本のようなビジネス書を読んでいるような人はいずれ階段を上がっていって愚痴の飲み会になど誘われないようになります。そう考えれば、いましかできない経験だと前向きに考えるのもいいのではないでしょうか。

別にみなさんも本を書けという話ではなく、「上司がこんな発言をすると部下はこういう反応をするんだ」、「大半の社員の視野ってこれくらい狭いんだ」といった、将来自分が上に立ったときに役立ちそうな情報をストックするのです。同調も否定もせず、生返事で交わしながらひたすらネタを集めてみましょう。

世のサラリーマンの思考を学ぶ場として活用しよう

5 内輪ネタを語る関係になれ

雑談で最も盛り上がる話題とは、お互い関心のあるもののなかでもっとも範囲の狭いもの。つまり、内輪ネタや楽屋ネタと言われるものです。同窓会にいくと何十年ぶりの再会であろうと必ず雑談が盛り上がるのも、限られたメンバーしか知らない共通の体験があるからにほかなりません。

一流の接客をするサービスマンを想像してみてください。

優秀なホテルマンになると数年前にゲストと交わした些細な会話の内容を覚えていますし、美容師なども過去の来店時にあがった話題をさりげなくふってきますよね（「そういえば旅行に行くっておっしゃってましたが、どうでした？」といった感じで）。前回の話の続きを語ることで関係性が今後も続いていくことを示唆しているわけです。

これが初対面の人との会話であれば、過去がないわけですからお互い関心のある話題を選ばないといけません。ただ、大切なことは**「そこでどんな話をするか」よりも、「そこでどんな経験を共有するか」に意識を変えることです。**

たとえばお酒にこだわりのあるお店ではじめて食事をともにするのであれば、そのお店でもっともインパクトのありそうなお酒（ネーミングや希少価値、製法、産地など）を選んで一緒に飲み、「あのときのお酒が忘れられないんです」「私もですよ」というような内輪ネタを次回以降話せるようにしておくということです。または「奥さんには内緒で」と夜の街で少しハメを外して共犯者になってしまうのも効果抜群です。

何回か会っているのにそういった内輪ネタをもっていないケースも当然あると思います。それは過去が悪かったわけで、いまさらあがいたところで過去は変えられません。だとしたら、とことん未来にこだわりましょう。

初対面なら「思い出の共有」を大切に

6 役に立つことで人とつながる

交流会は一見オフのような雰囲気と思わせて参加者のほとんどはオン（仕事モード）という変わった空間です。普段の仕事のときほどガードが高くないので情報を引き出したり人を動かしたりといった雑談がしかけやすい環境です。

私たちも仕事柄、交流会や懇親会に参加することが多いのですが、そこが絶好のチャンスであることを承知しているので、気を抜くヒマはありません。

そこでなにより意識しているのが、「人の役にたつこと」。

我々も交流会の場ではいつもこのことを念頭に置いています。

人の役に立つ行為のなかでもっとも効果的なのは人をつなげることです。

というのも、人は紹介してくれた人を忘れません。交流会では自分の話をするのではなく、相手の話を聞いてビジネス上の欲求を探り、自分の引き出しのなかから最適なマッチングを実現する。会場内でマッチングできれば話が早いですが、別に会場内にいなくても構いません。

「ちょうどいい人を知っているので今度話をしておきますね。向こうも喜ぶ話だと思うので、先方に連絡先を教えておいてもいいですか?」。これでOK。

もちろん、それを実現するには日頃から自分の引き出しを増やしておかないと話になりません。私たちもその意識が常にあるので、たとえその場でつなげられないと思っても、後日その人を誰かに紹介できるよう、その人がどんな人なのかしっかり聞きだして自分の引き出しに入れておくことができます。

人を紹介するならそれなりのリスクもありますが、それがうまくいけば交流会で1回しか会ったことがない人であっても喜ばれ、信用され、次につながる関係性をつくることができます。

この「次につながる」という意識を持つことがとくに重要です。

軽快なトークでその場をいくら盛り上げても「あの人楽しかったね」で終わってしまってはただの井戸端会議です。人をつなげることができなかったとしても、何かしらの形でお互いの「メリット」を感じさせないと「また逢いたい」と思ってもらえないでしょう。

人を紹介すること以外にも相手の役に立つ手段はいくらでもあります。私の友人には常に小袋にのど飴を何個か詰めておき、喉の調子が悪そうな人がいたら「これどうぞ」と、スッと手渡しする人もいます。これでもいいのです。

それなのに「ボク、未熟なので役に立てることが思い浮かびません」と平気で言う人が大勢います。**交流の場で「役に立てることがない」ということは「縁を切られる」ことを意味します。** 2度目のチャンスはありません。

自分の価値が上がって周囲から雑談をしかけられる立場になれば接点は途切れることはないでしょうが、実力の乏しい若手のうちは小さいチャンスをいかに拾っていくかが大事なのです。実際、チャンスはたくさんあります。でも、チャンスを簡単に逃す人はどんなチャンスも簡単に逃してしまうのです。

交流会はお互いのメリットを探る場所

7 「コネと利権」はフル活用

人をつなげることも重要ですが、自分自身の強み（スキル、知識、権限、コネなど）を身につければ身につけるほど、自分が紹介してもらえる立場になれます。

ある人と接点を持ちたいなら人に紹介されたほうが断然有利です。それも、その紹介者の立場が上であればあるほど得。

なぜなら人に紹介された時点で、あなたは赤の他人ではなくなるからです。紹介してくれた人の社会的信用や評価と同等とまでいかなくても、**間違いなくあなたの評価が「底上げされた状態」から関係性がスタートします。**

もっと言えば、自分の背丈では届かないところでも、人を介せば届く可能性があります。たとえばある会社の役員とつながりたいのに直接乗り込んでも相手にされないなら、自社の役員に事情を説明してつなげてもらえば少なくとも接点は持てるでしょう。

つまり、それくらい、「誰に紹介してもらうか」で関係性は大きく左右されるということです。これを使わない手はありません。

私も社内ベンチャーの初期段階では顧問についていただいた方のおかげでまだ実績もなかった私の評価を底上げすることができましたし、関係各所と接点をもつことができました。そのときの効力を肌身で感じたため、新しいことに挑戦するときは自分のリソースを必死に棚卸してコネクションをもっている人を探す習慣はいまでもつづいています。

最終目標は自分の企てを実現することですから、ズブズブの利権だろうが使えるものは全部使ってしまえという発想です。

ただ、そうはいっても交流会にいって知り合いがひとりもおらず、誰も紹介してもらえないというケースもあるでしょう。そういうときは自分の未熟さを反省しつつ、雑談力を使って積極的につながっていくしかありません。

そのときのコツも、やはりいかに相手の役に立てるかです。

仮にあなたがとある経営者が主催する懇親会に参加したとして、人に紹介できる知人も、これといった売りもないとしましょう。

そのとき、どう振る舞いますか？

多くの人は自分と似たような境遇の人（会場の隅で黙々とごはんを食べているような人）に近づいて、当たり障りのない世間話をするでしょう。そしてフェイスブックでつながってお互い「いいね！」を押し合う関係になって終わり。その種が花ひらく可能性もあるでしょうが、確率でいえば相当低いと言えます。

私なら真っ先にその会のキーパーソンのもとに行って、その社長が扱っている商材を買います。もしそれがあまりに高額なものであれば、せめて自分のメディア（ブログ、SNS、メルマガなど）で紹介させてくださいと言います。

露骨すぎますか？　はい。露骨で構いません。

自分が手塩をかけて生み出した商品なりサービスなりを認めてもらうことほど、自己承認欲求が満たされることはありません。その経営者は絶対にあなたの方のことを覚えてくれますし、恩を返そうと思います。

するとと何が起きるかというと、その経営者の方はあなたのことを会場内のほかの人に紹介してくれるようになります。しかも「この方、すごい心遣いをされる方で」というエピソードまで添えて。

人をつなげられないなら人の役に立つ。

そうすると自分自身が紹介される立場に回ることができます。

人に紹介されるという考え方は交友関係を広めていくなかでの基本スキルとして覚えておきましょう。

紹介者のポジションを使って自分の評価を底上げする

8 上司に連れてこられた店はうまく使え

人に紹介されると自分のランクも上がるという話は、飲食店との付き合いにおいても同じですので、そのコツをお教えしましょう。

上司に馴染みのお店を紹介されたときに真っ先に気づかいすべきはお店に対してです。**上司の家族にもてなされているくらいの緊張感を持ちましょう。**

上司が大事にされているなら当然あなたに対しても丁寧に接してくるでしょうが、そこで間違っても虎の威を借りてはいけません。全従業員に対して普段以上に丁寧な言葉づかいをして、ことあるごとに褒めること。この第一印象がその後のお店側の態度を決めるといっても過言ではありません。

そして、大将なりオーナーがテーブルまであいさつにきたら、その場で名刺を渡しつつ、こう言ってみるのはどうでしょう。

「とても素晴らしいお店なのでぜひ通わせていただきたいのですが、来週の金曜の夜に2名分の予約はとれますか?」

お店の人は「また来ます」という社交辞令を聞きあきていています。**一方、その場で次回の予約をしてくれる客はめったにいませんので確実に覚えられますし、紹介してくれた上司も喜びます。**一番粋なのはディナーの翌日にランチにいってお礼を言うことですが、そのような時間もないでしょうからこのテクニックはおすすめです。

そして、次回以降に訪問するときは、しつこいようでも毎回「○○の紹介できました」とお店に伝えることも重要です。それによって自分の評価の底上げがなされると同時に紹介者の株が上がり、(お店も紹介者にその旨を伝えてくれるので)紹介者からも感謝されるという一石三鳥です。

私が以前、とある社長さんに連れられて銀座のバーに行ったときもこのテクニックを使いました。かなり敷居の高いお店で20代の私がポッと行って大事に扱われるようなことはないはずですが、毎回「○○社長の紹介できました」と言っているといい加減相手も私のことを「小川さん」として扱ってくれるようになり、何回か通っていたらお店のオーナーに見送られるようになりました。

そこまでいったら今度は自分が人を連れて行く番です。

すると同世代の仲間たちは「小川って、いつもこんなお店に通っているの？」と驚きます。もちろん、そこでも「〇〇社長のおかげだよ」と紹介者を立てることは忘れません。

人の株をあげることはローコストでハイリターン。

間違っても自分の株をあげている場合ではありません。

自分の株を上げたいなら人の株を上げる

9 名刺交換よりLINE交換

最近、非常に個性的な名刺をもらう機会が増えています。そして、その多くの方は名刺をきっかけに雑談が弾むことを期待しています。

たしかに名刺がうまく機能すれば有効なコミュニケーションツールになります。しかし、それが機能しなければただの紙クズ。その明暗を分けるのは名刺を通して「自分の価値」を伝えられるかどうかです。

そういう意味では、誰もが知っている大企業に勤めているか、弁護士や政治家といった社会的ステータスがある人であれば、わざわざ個人名刺を作る必要はありません。

ただし、もし個人名刺をつくってみて、20枚配ったところでひとりも名刺について ふれてこなかったとしたら、名刺が機能していない証拠です。「自分をどうよく見せよう」ではなく、「貰い手があなたのどんな価値を欲しているのか」に着目して文言を変えるか、そもそも自分が商品として魅力があるのか再考してみたほうがいいと思います。

ちなみに私は名刺交換の重要性をさほど感じていません。むしろ「本当は名刺なんて要らない仲になりたいんです！」と言うことすらあります。

相手のガードを下げさせたいのであれば、私は名刺よりチャットアプリのLINEでつながる方を選びます。レスポンスが早くて無料通話もできるという周知のメリット以外に、チャットを介することでビジネスの関係（オン）があたかもプライベートな関係（オフ）にみえるという点が魅力です。

出会ったばかりの人でもLINEで繋がれば急に「友だち」扱いになり、普通のメールのやり取りに比べて心理的な壁が取り除きやすくなります。それに相手が普段高額な相談料を取る士業・コンサルタントの方であっても、LINE経由のちょっとした相談事くらいなら請求書が届かないかもしれません（笑）。なぜなら、私がそうですから。

コミュニケーションツールを少し変えるだけで相手が受ける印象も変わるとい

うことです。ＬＩＮＥ以外にも最近ではフェイスブックのメッセンジャー機能をビジネスメールの代わりに活用している人も増えていますが、こちらもメールより柔らかく、ＬＩＮＥよりは硬いという加減が受けているのでしょう。

このように、ＬＩＮＥは恰好の雑談ツールなのですが、ビジネスパーソンの多くはその活用を本当にプライベートな領域だけに限定しています。

私が初対面の人とＬＩＮＥの連絡先を交換する手順はこうです。

まずは「最近スタンプにハマってまして」とネタフリをして、さりげなくＬＩＮＥユーザーか確認します。もし相手も使っていれば「スタンプ、ついつい買っちゃうんですよね」などと返してくるはずです。そこですかさずこう言います。

「あっ、じゃあ今度お気に入りのスタンプをプレゼントするのでＬＩＮＥ交換しましょう」。これで自然に連絡先が交換できます。

雑談をしかけやすいツールを選ぶ

10 気になる人がいたら海を越えても会いにいく

ビジネスのネットワークを広げるには人から紹介されたほうがいいという話をしました。

ただ、もしその手段がないのであれば直接会いにいけばいいと思います。

私は日頃からインターネットで興味深い記事を読んだら、なんの躊躇もなくアポを取って会いにいってしまいます。もちろん、自分の評価の底上げをした方が有利なので知り合いにツテがないかは確認しますが、ないからといってあきらめる理由にはなりません。

その人に会うために地方遠征するなど当たり前。

それこそ、私がいま本格的に取り組んでいる暗号通貨の事業については、ネットで知ったシリコンバレーの専門家にいきなりメールを送りつけるところからはじまっています。私は英語ができませんが行動力と度胸だけはあるので、グーグル翻訳を使って（おそらく相手からすればメチャクチャな内容の）メールを書きました。

シリコンバレーのベンチャーが無名の日本人を相手にしてくれるわけがないと思い込んでいる人が多いと思うのですが、まだ成長途中のベンチャーであれば、みんな資金繰りなり、商流なり、人脈なりで悩みを抱えています。**何か期待感が持てる相手であれば、あっさり会ってくれるものです。**

メールの返事もすぐに来て、急いでアメリカ在住の先輩に通訳の協力を仰ぎ、シリコンバレーに飛びました。メールを送ってから16日後のことです。

わざわざ太平洋を横断してきた日本人ですから、相手もかなり丁寧に接してくれました。私も持ち前の雑談力を活かしてアメリカ人が好きそうなバスケやアメフト、野球などの話をして自分を信用してもらうことに努めました。

本音は技術の話を聞きだしたかったのですが、相手も世界から注目される専門家だけあって質問されるのに飽きていた様子。本題の話をふるとたんにつまらなそうな顔をしていたので、あえてそのときは深追いしませんでした。今後につながる関係性を築くことが最低目標でしたので、それでも構わないのです。

ここでも急がば回れの精神が活きました。

その後、どうなったかというと、その席で相手が「日本の寿司を食べてみたい」と言ったことをきっかけに、その彼が日本にくるタイミング（これもそのとき雑談で聞き出した1次情報）で会食をセッティングし、晴れて「はじめての寿司を食べさせてくれた日本人」というポジションを獲得することができました。

そんな彼は、いまではビジネスパートナーです。

諦めるくらいなら当たって砕けろ

普通の人が躊躇するような人こそ接点を持てたら大きな価値に変わります。

「どうせ会ってもらえない」と思っているなら、当たって砕けたところで痛くもかゆくもないはずです。雑談は技術だけではなく、度胸も重要なのです。

第5章

社内で有利なポジションをつくる雑談

Chat at a office

サラリーマンの社内での立ち位置というものは、上司、同僚、部下、そして他部署の人たちとの関係性（あなたに対する評価）によって大きく左右されます。

普段は意識していなくても、いざ自分が社内で新しいことをしかけようとしたときに日々の関係性が如実に表面化することになるのです。後悔先に立たず。日頃から社内での「仕込み」をしておく努力が重要です。とくに上司との関係は出世や与えられる仕事にダイレクトに影響してきますので、雑談のチカラは欠かせません。

また、意外と軽視されがちなのが部署を超えたネットワークです。

部署を超えて根回しをしたいと思ったときにその接点となる人物が社内にどれだけいるかで自分がやりたいことの成功率は変わるといっても過言ではありません。

数少ないチャンスを見逃さず、積極的に雑談をしかけて社内に援軍を増やしておきましょう。

1 オフィシャルなサボり場をつくる

喫煙は百害あって一利なしなどと言われます。ただ、ビジネスで考えると一利あります。相手がタバコを吸っているときは雑談をしかけやすいという点です。

会社の喫煙所を考えてみてください。

そこは「会社」と「タバコ」という2つのくくりだけでつながっているゆるいコミュニティーで、しかも会社公認のサボり場です。普段はピリピリしている上司でも喫煙所にいるときはリラックスしていますし、ほかの部署の人に雑談をしかけるのもはるかにハードルは低いです。

そこで目的意識をもって雑談をしかけていけば、普段はかしこまってしまう相手と距離を縮めることができ、しかも社内の情報がぞくぞくと入ってきます。

とくに部署外の情報は管理職クラスになってくるとのどから手が出るほど欲しい情報ですので、そういった貴重な情報を日頃から仕入れておけば、上司に情報を提供する立場にもなれます。

つまり、先ほどの交流会の場と同じように、オフのようでオン、オンのようでオフな場所である喫煙所は、戦略的な雑談にはうってつけの環境です。私たちはふたりともタバコを吸いませんが、もし私たちが喫煙者だったら喫煙所でも仕事を取れる自信があります。

俣野はサラリーマン時代、喫煙所のようなコミュニティーの重要性についてかなり意識していました。ただ、そのためにタバコを吸うつもりもありませんでしたし、そうかといって代わりになるコミュニティーが思いつかなかったのです。そこで私は喫煙所に通っている同僚との雑談を増やして、彼を経由して社内の情報を集めていたくらいです。

小川もコールセンターを率いていた際、社内の情報を喫煙所経由で入手することがありました。とくにストレスの多い職場でしたので喫煙所での会話の密度がやたらと濃いらしいのです。それこそ愚痴や悩みや私に直接言えない意見などが飛び交っていたそうで、喫煙者の社員からそれをすくい上げていました。

もちろん、喫煙はトレンドではありません。

ただ、いまはスモールコミュニティーを活用するビジネスパーソンが増えている時代ですし、職場の環境改善に対する意識も高まっています。**大きな組織で働いている人ほど、身近なところで喫煙所にかわるオフィシャルなサボり場を作ってみたらいいと思います。**顕在化していないだけで、きっと社内で同じことを考えている賛同者は大勢いるでしょう。

コミュニティーの括り方は、自分がどんな人たちとつながりたいかによって変わってきます。読書会や勉強会のような硬めのものでも、ヨガやジョギングなどのアクティブなサークルでもいいでしょう。

こうしたコミュニティー活動を通して、雑談力も磨かれていくはずです。

社内コミュニティーで部署間の壁を超えよう

2 掛け算のはまる領域をとりにいく

雑談をするときは、自分の専門領域をしっかりとアピールしつつも、それ以外の領域のアピールも忘れないようにしましょう。

もしあなたが営業トークに秀でているとしても、それしか能力がないのであればトップ営業マンにしかなれません。世の中に存在する営業部の数だけトップ営業マンがいるわけですから、実は市場価値はさほど高くないのです。

一方、営業トークがそこそこできて、なおかつ会計の話題にも明るいとなると、会計をしている人からは「仕事を取ってこれる会計マン」だと見られますし、営業を専門でしている人からは「数字で会話できる営業マン」だと思われます。

ビジネスパーソンの価値は、同じ領域のスキルは足し算でも、領域を超えた瞬間、掛け算に変わります。さらに、横断的なポジションを取れる人材は数が減りますのでさらに貴重です。しかも、そのポジションを狙うならいずれの分野でもトップである必要はありません。このメリットも見逃せません。

たしかに、ある仕事で超一流になるためには専門を絞って時間とお金と労力を集中してそれだけをこなしているほうが効率的ですし、雑談をしていて「この人専門バカだな」と思われるのは決して悪いことではありません。

ただ、会社からみれば、たとえ人より3倍できるスペシャリストであったとしても、その社員が抜けたら3人補充すれば済みます。しかし、部門を5つ横に見ている人であればその穴を埋めるには5人必要になるので、絶対に手放したくない存在になることができます。

そういう意味で、若いときからアンテナを広げて、職域の壁を超えて「横グシ」を通す作戦は大いに有効です。たとえば編集者が営業会議に出てみたり、デザイン部に質問しにいったりといったことです。そこにクシを通す価値があるかどうかは雑談で探ることができますし、いけると思ったら上司を説得して取りに行く。そうやって周辺視野をどんどん広げていきましょう。

掛け算がハマると何が起きるかというと情報がどんどん集まってくるようになります。いわば社内の情報のハブになれます。

とくに大企業になればなるほどセクショナリズムが強いので、情報は限定化されがちです。**そこに横グシを通しておくことで自分自身も情報を発信するチャンネルが増えますし、情報が出るところには絶対に情報が集まってきます。**

情報のハブになる最大の利点は、利ザヤが取れることです。証券会社がFX取引の利ザヤを取っても誰も文句を言わないですよね。つまり、ハブであること自体に価値があるということです。

「その件でしたら、私から話を繋げておきますよ（ただし、私にも少し手柄をくださいね）」という行為が正当化されるのです。

情報のハブになって利ザヤを取れ

3 ルーチンワークの手放し方

いかに退屈な仕事を手放し、自分がやりたい仕事に変えていくか。

ただのサラリーマンからビジネスパーソンに変わりたいのであれば、避けて通れない課題です。

ここで雑談のセンスがない人は、上司に対して直球勝負で「面白い仕事ください！」「忙しすぎます！」「助けてください！」と直談判をしてしまいます。上司に対して「ヘルプミー」は絶対にダメです。ただの甘えにしか見えません。

仕事を入れ替える手順はこうです。

まずは上司が絶対にNOと言わないような企てを考えます。自分が利することではなく、なるべく大義のあるものがいいでしょう。そして「実はこういうことをやりたいんですよ」と雑談レベルで話しかけて承認をもらいます。

そして、できれば日を改めて「先日話した件なんですが、私、ほかにこのような案件をかかえていまして。なんとか調整しようとがんばったんですが無理でした。何を優先すべきですかね？」と聞く。

そうするときっと上司は「その案件なら他のメンバーにふっておくよ」と言ってくれます。

ここでのポイントは**先に承認をもらってからムダな仕事を外しにかかったこと。**「ヘルプミー」タイプの人は、いきなりムダな仕事を外してくれと言うからリジェクトされるわけですし、もし同時に提示したとしても「雑談しているヒマがあったら仕事しろ」と言われます。

しかも、それ以降は上司に言われた仕事ではなく自分が作り上げた仕事をするようになるわけですから、それだけで「会社に欠かせない存在」になることができるのです。

大義を確定させてからムダな仕事を外す

4 ドリームキラーの対処法

ビジネスの領域が広がってくると、あなたがしようとすることに反対する人と対峙する場面がどうしてもでてきます。

私もはじめてコールセンターを起業したときは「電話営業なんて儲からないよ」と反対してくる人も大勢いましたし、いま手掛けている暗号通貨事業にいたっては「アヤシイ」だの「怖い」だの、理由にならない理由で反対する人が大勢います。

否定的な人、通称、ドリームキラーはそこら中にいます。避けようと思って避けられるものではありません。

私はダメだしをしてくれるドリームキラーが現れたらチャンスだと思っています。

「なるほど。その観点、なかったです。じゃあ、どうやったら良くなりますかね」

「リスクが高いとおっしゃるならどういう対策が必要ですか？」

このように、前向きな態度で質問をなげかけましょう。感情的になって抵抗しようとしても消耗戦になるだけで得るものはわずか。そうではなく先入観を脇に置いて話だけは聞いてみると、新たな気付きを得られることがあります。

とくに事業について反対されるときは、メリットは理解してもらっているはずなので相手が気にしているデメリットをとことん潰しましょう。そうすればより良い計画に練り上がるはずです。

私がサラリーマン時代に散々思い知らされたことは、**否定的な人が現れる原因は「自分が勝ち馬に見えていないから」だということです。**

誰しも勝ち馬がいれば乗りたがります。「こいつがやるなら大丈夫だろう」という雰囲気が出せれば、多少のリスクがあっても容認されるものです。

そのためには日頃から自分が勝ち馬に見えるように雑談をしかけていかないといけません。たとえばアウトレット事業を立ち上げたときも、基本的に社内に向けては良い話しかしないように注意していました。実際は苦労だらけで本社の同期に愚痴を言いたくなるときもありました。しかし、それはグッとこらえる。

一方で、良い話であれば自社の話でなくても積極的にしていました。「今朝の朝刊みました? 海外からの旅行客の国内消費量が増えているそうですね」といった感じで、さもアウトレット事業も安泰だと匂わせるためです。

私にとって幸運だったのは、社内ベンチャーは前例がないので決算で赤字を出さない限り、「こうしたほうがいいんじゃないか」と上層部から意見を挟まれにくいことでした。日頃から良い話しかしていなかったおかげで当時はそれなりに評価されたのです。

自分が勝ち馬になったかどうかは「アレオレ詐欺」でわかります。つまり、昔は反対ばかりしていた上司が、「あれ、おれが育てたからさ」と吹聴するようになったら周囲の見方が変わった証。邪魔がなくなったという合図なので、そんな人は放っておいてその間にできるだけ突っ走ることが肝心です。

また、会社はさまざまな性格の人が集まっていますからどうしてもウマが合わない人もいますし、衝突する場面もあります。

　これはサラリーマンの鉄則でもあるのですが、「相手の性格を変えるのは自分の仕事ではない」といかに割り切ることができるかが大切です。会社は仲良しクラブではありません。何か共通の目的があったときだけ絡めばいいので、好き嫌いの話など本来は関係ない話です。仲が良かったらベターというレベルの話。

　それを勘違いして「みんなと仲良くならないと」と考えてしまうと、はっきり言ってどんな会社に転職しようと辛い思いをするだけです。

　絶えず否定的な人がいたとしても、別に好かれようと過度に歩みよる必要はありません。最低限、邪魔されないように根回しをするだけで十分。

　仕事のパートナーを好き嫌いで選べるのは、事業で大成功を収めて利益を追う必要がなくなった大富豪だけ。サラリーマンには関係ない話です。

日頃の雑談で勝ち馬だと思わせる

5 同期は究極の諜報部隊

会社の同期入社組との付き合い方は、大きな組織で働くビジネスパーソンであれば必ず一度は悩むところではないでしょうか。

とくに上昇志向の強い人なら優秀な同期はみなライバルですし、実力のない同期は付き合う価値がない存在として見下してしまう傾向があります。

結論から言えば、同期に対してはお互い若いときから貸しを作っておいて、あとあと「利用する」のが理想です。

よく見かけるのは、ライバルが仕事で失敗したときに周囲と一緒になって叩こうとする人です。「あいつは研修のときからちょっとクセあったから私も注意していたんですよ」などと言って、露骨に勝ち馬に乗ろうとします。

この態度、短期的に見れば自分に利する状況かもしれませんが、長期的にみれば損をしています。

なぜなら相手が弱っているということはもっとも値崩れしている状態。そんなときに売った（関係性を切った）ところでリターンは乏しいわけで、もしその後、ライバルが復活を遂げて自分の上に立ったとしたら目も当てられません。**そういうときこそライバルをかばって、最安値で買う（味方にする）ことが合理的な判断です。**

味方になってくれる同期が多ければ多いほど仕事はスムーズに行きます。とくにセクションの壁を超えるときほど同期が重宝する場面はありません。他部署（や他社）の情報を探ったり根回しをしたりするように指示されたときに「そこなら同期がいるんで話してみますね」と言えるのはサラリーマンにとっての最高の飛び道具と言えるでしょう。

いわば究極の諜報部隊のようなもので、大きな組織になれば「お前が言うならしょうがないな」と言ってくれる味方が社内に何人いるかが勝負を分けます。

ビジネスパーソンに大人気の『島耕作』シリーズの作者、弘兼憲史先生は、松下電器産業（現パナソニック）でサラリーマン生活を経験されていますが、その期間はたったの3年だそうです。それなのにあれだけのリアリティーのあるマンガをかけるのは、社内に取材対象者の同期がゴロゴロいるからです。しかも、その同期たちも月日が経つにつれ出世していくので、キャラクターの成長とともに扱う話題も描写もリアリティーを出せるわけです。

それに、同期は自分の過去の履歴だとも言えます。

つまり、いまは重要ではない人脈だと思っていても、いつその価値に気付くかわかりません。**消そうと思ったら簡単ですが、いったん消したら修復は大変です。**これは会社の同期に限らず、高校、大学の同級生なども同じです。

それに、そうしたリソースを普通の人が買おうとしたら、ものすごい単価である可能性が高いわけです。ユーチューブ、リンクトイン、テスラモーターズ、スペースXなどのそうそうたる企業を立ち上げたのはいずれもペイパルのOBであることは有名な話で（世間では「ペイパル・マフィア」と呼ばれています）、そういった強力な横のつながりはお金では買えません。

だからこそ、自分が未熟なときから横のつながりの仕込みをしましょう。

「あいつはつまらないから無視」、「あいつとは意見が合わないから絡まない」といった短期的かつ感情的な態度で接するのではなく、「せっかくつながったからこの関係を大切にしよう」というように意識を変えて雑談をしましょう。

それに関係性は早いうちからをつくっておいたほうが楽で、みんなが出世したあとで近づこうと思っても敷居は高くなるばかりです。とくに関係性の初期のインパクトは大きいですから費用対効果は抜群。しかも、信用の利回りは複利でつくので、早ければ早いほどいいのです。

「同期」「同窓生」「ＯＢ」といった横のつながりは絶対に疎かにしてはいけません。マメに連絡を取り合ってさえいれば情報は絶えず入ってきて、自分の味方でいてくれます。弘兼先生のように社外にいる人でもできるわけですから、社内にいてできないわけがありません。

無償のリソースをみすみす捨てるな

6 カード審査理論で可能性を広げる

クレジットカードを作るときやローンを組むとき、金融機関同士はリスクヘッジのために信用情報を一元化していることはご存じかと思います。ただ、そのシステムにも盲点があって、同時に複数のカードの申し込みをしてしまえば、その審査中に限ってカード会社同士はライバルなので、絶対に情報を明かしません。

このように、ある目的を達成するために同時進行で話をすすめるテクニックは、雑談でもよく使います。

もっとも分かりやすいのは就職活動でしょう。

「ほかに話が進んでいる会社はありますか？」と確認されて、正直に答えるのはあまりスマートな方法とは言えません。明らかなウソはつきたくないとしても、せめて「ありますが、第一志望は御社です」と言っておいて、とりあえず合格を貰うことが先決でしょう。

またはは会社の上層部からプロジェクトのゴーサインを貰いたいときにも使えます。

「本決まりではないので詳細は分かりかねますが、私が得た情報によるとライバルのA社では実施に向けてほぼ決まりだそうです。至急、ご決断を」と迫れば、裏は取りづらいので他社の動向をやたらと気にする経営陣の決断を後押ししやすくなります。私もサラリーマン時代によく使っていました。

起業家が事業のパートナーを求めてアイデアを打診したりするのも、同時に走らせるのが基本です。

もちろん、「この人と組みたい」と思える明確なターゲットがいるならまずはその人だけに相談する誠実さを持つことはいいことだと思います。ただ、そういった事情ではない場合は、できるだけ種をまくことを意識するといいでしょう。

同時に撒ける種は撒いておけ

7 気安く「わからない」と言わない

部下から質問をされて、「わからないから社長に聞いて」と平気でいう管理職がいたとしたら、かなり危険水準にいます。

「わからないからオレが聞いてみるね」ならOK。しかし、「わからないから社長に聞いて」ということは、社内のことで部下が知っていて自分が知らないことが生まれるという意味です。その管理職の存在意義は日に日に薄れていき、将来的には部下にポジションを奪われてしまうでしょう。

そもそも自分の所に質問が来ている時点で、自分の担当業務とさほど遠くない話をされているはずです。ようはキャパシティの話なので、自分の器を少し広げれば収まる話のはずです。

それなのに急に担当者然として自分の役割を限定してしまう人がいます。

自分が担当していないことや知らないことを聞かれたらチャンスです。部下から自分がその情報をもっているものだと思われているということですから、「へ〜、それオレなんだ。じゃあ、ちょっとやってみよう」くらいのノリで、自分のキャパシティを広げていくきっかけになります。

実際、出世のロジックは周辺視野の広さで決まると言っていいくらいです。

たとえば、トップ営業マンだった人が営業課長に抜擢されたのに課員の指導に興味を示さなかったら、「いつまで平社員モードのつもりだ」とお叱りを受けて当然です。同じように、設計畑出身の取締役が、どんな会議でも設計の話しかしないとしたら、大きな勘違いをしていると言わざるを得ません。

職位が上がるにつれカバーする範囲や周辺視野を広げていく。

これが当たり前の姿です。

「わからない」と口に出す前に、そのことをもう一度考えてみましょう。

職位があがると周辺視野も広げる必要がある

第6章

営業が思い通りに進む雑談

Chat with clients

営業が下手な人と上手な人の差はなにか。

それは、下手な人ほど「私の話を聞いてください」という姿勢でアプローチし、上手な人ほど「あなたの話を聞かせてください」という姿勢で臨むことです。前者はfor me（私のために）、後者はfor you（あなたのために）。

常に顧客の要望を顧客以上に掴んで、相手が喜んで商品を買ってくれる状態を作れるのが優れた営業マンに共通する点です。

なんのために相手の話を聞くのかというと、最終的にwith you（あなたとともに）という姿勢でビジネスを進めていきたいからです。ゴールは相手と自分のやりたいと思える新しい目標をつくること。これを実現するためには、やはり相手の話を聞くことが前提になります。

相手が身構えやすい営業トークこそ、雑談力が活きてきます。そのテクニックのいくつかをご紹介しましょう。

1 売れる営業、売れない営業

「今回の機種はＨＤＤの容量を倍増しておりまして……」

このように、モノをただ説明するだけで簡単に売れるほど甘い世の中ではありません。いまのご時勢、説明商材なら人を使う意味などなく、ネットを駆使した方がはるかに効果的です。

プレゼン下手な人ほど説明をして、プレゼン上手な人ほど雑談をする。これが売れるか売れないかの違いです。

本来、機能説明は営業トークの最終工程で相手を納得させるためにするものので、欲しくないのに説明しても意味がありません。「何を買えばいい（WHAT）」、「どうやって使えばいい（HOW）」より大切なのは「なぜそれが必要なのか（WHY）」を相手に理解してもらうことです。

そのためには顧客が抱えている願望や課題をできるだけ具体的に知る必要があ

ります。相手の抱えている事情は当然異なるわけですから、理想的な営業トークやプレゼン資料は毎回異なるものであるべきです。つまり、売れる営業とは提案型営業（ソリューション営業、コンサル営業）ができるかどうかで決まります。

生保のトップ営業マンになると、相手の要望に応えられないときのために他社の商品パンフレットまで持ち歩くという話を聞きますが、まさにこの感覚です。ビジネスで価値があるのは顧客リストを増やすことなので、仮に目の前のお客様は逃しても、信用を勝ち取って続々と人を紹介されるようになれば当然売上は上がります。本書や前書でも再三言っている「短期よりも長期。奪うのではなく与える」という人間関係の基本はここでも当てはまります。

提案型営業でもっとも必要とされるスキルは課題のあぶり出しです。もちろん事前に調べられることは調べてあたりをつけることはします（二次情報、三次情報）。ただ、調べてすべてがわかるくらいなら他社もわかっているということですからそこでは差がつきません。**直接会って、信頼関係を築いて、普段、あまり公言しない希少な情報を入手するには雑談しか手段がないわけです。**

一次情報を引き出す基本形は質問です。

私は初対面の人に「どんな人にあったらうれしいですか」という質問を投げかけることが多いです。「会いたい人 ＝ 自分に足りないものをもっている人」ですから、その質問ひとつで相手の課題が見えてきます。

もし相手が情報を隠そうとして「今のところ困っていませんね」と言ってきたら、「順風満帆ですか！ すごいですね！ もう完璧じゃないですか！ うらやましいです！」と褒めまくると「いやいや……そこまでじゃないけど」と言って話してくれます。

そうやってあぶり出した相手の課題のなかから自分が価値提供できそうな話題を拾います。そして、自分の仕事に話を繋げていくこともあれば、その場で人を紹介したり、課題解決に向けたアドバイスをしたり、とにかく相手の役に立つ方法を考えます。

話を営業マンに戻すと、そうやって一次情報を引き出せる関係になってくると最初は「営業の人」だと見られていたのが、次は「○○社の人」、次は「○○社の小川さん」というように、相手のなかで自分のポジションがどんどん絞られていきます。**最終目標は「小川さんが言っているなら、買ったほうがいいよね」と思ってもらえることです。**

最後に補足として、私が関西の上場企業でＣＦＯをされていた方から聞いた話を紹介しましょう。その会社は地域で唯一の上場企業のため、金融機関の売り込みがひっきりなしに来ていたそうです。一見すると付き合う相手は選び放題だったわけですが、そのＣＦＯが重用していたのは地元に根差した地銀でした。「せっかく時間を取るなら面白い話が聞きたいわけですよ。その点、その地銀の担当者とは長い付き合いだからうちの会社の実情を分かっていて、いろいろ提案してくれる。大手みたいに支店長が変わるたびに御用聞きにこられてはたまらないですよ」とのことでした。ここで教訓。「御用聞きは一度まで！」

課題を聞き出し提案をカスタマイズする

2 説得、納得、お釈迦の手

人を動かそうとするときに行う「説得」。難易度としては一番簡単なので、多くの営業マンが実践しています。

これが一流の営業マンになると「納得」させます。つまり、「いいね！」と思わせること。さらに最上級になると「お釈迦の手」。あたかもその人の意志で決めたと思ってもらうことができます。

要約すると、

説得「しょうがない、買ってやるか」
納得「この商品、買った方がいいな」
お釈迦の手「この商品、買わせてください！」

このようになります。

「説得」された人と「お釈迦の手」に乗せられていた人では、商品を買った後の気持ちがまったく異なります。説得されて買った人は満足感がありませんし、売り手に対して貸しを作った感覚まで持ちます。一方、自分の強い意志で買った人は大満足ですし、売り手に対して借りを作った感覚を持ちます（「売ってくれてありがとう！」と）。

本当に交渉が上手な人はクロージングだけではなく、その後の永続的な関係も意識しているのです。クロージングはゴールではなくスタート。契約をしてからお付き合いが始まるのです。

そもそも、説得モードでモノを売りにいくと足元を見られて叩かれます。これは商売の鉄則です。目先の小金に目がくらんで安請け合いを一度でもしてしまったら、そこから自分の単価を上げていくのは大変です。

相手に納得してほしい、そして高く買ってほしいと思ったら、売りにいかずに買いにきてもらうことです。

私はこれを土俵際理論と呼んでいます。**相手が土俵際に行くまでは自分（や売ろうとしている商材）の価値をこれでもかと見せつけますが、最後の一押しはし**

ません。そうではなく最後は相手の意志で自ら土俵を割ってもらう。

もう少しで目的が達成できそうな状況になると、クロージングに熱が入る気持ちはわかります（とくに気合が入りすぎている若い営業マンや物事をきっちり進めないと気が済まない不器用な人）。

でも、そこでしばしのガマンができるかです。

「価値が伝わらないようでしたら、買わない方がいいですよ」

「これだけの情報があって判断つかないなら、まだ早いのかもしれませんね」

「私は買ってくれとも買ってくれるなとも言いません（他に引き合いありますし）」

このようにクロージングのときこそあえて突き放し、「この人、ずいぶん余裕あるよな。買った方がいいのかな」と思わせたら圧倒的に有利です。

交渉事は「強さ」より「うまさ」。

「あり方論」より「やり方論」の方が簡単です。

イメージとしては「真冬にドアが開いていて寒い」という状況で、「食事改善して体を鍛えよう」というのがあり方論。ごもっともな考えですが、「ドアを閉める」というやり方論を考えればもっと簡単なのでは。

ドアの話をビジネスに例えば、「マーケットが冷え込んでいて売上が落ちている」という状況で「だれもが欲しがる商品を作ろう」（あり方論）と考えるか、「だれもが欲しがるような売り方をしよう」（やり方論）と考えるかの違いです。

ボクシングでもストレートしか打たないボクサーがいたら相手も守るのは簡単です。そこにフックが入ってくるからストレートが活きてきます。

「あり方論」より、まずは「やり方論」

3 雑談の鉄則「オセロ理論」

雑談の目的は人に動いてもらうことですから、自分が何を言うかではなく、相手になんと言ってもらえるかを操作する術を身につけないといけません。

オセロで例えれば、**普通の人は「四隅に白をどうやって置くか」を検討しますが、重要なのは「四隅以外に黒をどうやって置かせるか」を学ぶこと。**モノを買ってもらいたいときにいきなり「これを買ってください」というのは、四隅に白を置きに行っている状態で、相手も警戒してゲームに参加してくれません。

私がコールセンター時代によくやっていたパターンはこうです。

まず、第一声に全神経を集中して、とにかく元気な声をだして電話をかけます。声のトーンも普段より高くするようにしていました。すると相手がおばちゃんか高齢者の場合、そのうちの何人かは、「あら、ずいぶん元気いいねぇ」と好反応を示してくれます。

この反応がきたら、すかさず「ボク、まだ若いんで」と返します。

そこで「いくつなの？」と質問されたら大収穫。相手の関心を自分に向けると同時に相手の内情に踏み込むチャンスです。

「たぶん、息子さんと同じくらいなんじゃないですかね」

「やだもう。うちの息子まだ中学生よ。私、もっと若いわよー（笑）」

「あぁ、ボク、もう高校生です。間違えちゃいました！」

「高校生が営業するわけないじゃなーい」

といった感じで場を和ませ、ここから本題に入ります。

「息子さん、インターネットばかりされてませんか？」

家族の話題をフックにして、商材の提案につながる相手の情報を聞き出していきます。これぞ戦略的な雑談です。

相手には最後の最後までオセロだと気付かせないことが理想です。

雑談上手になるためには2つのステップがあり、**まずは相手が何を考えているかイメージできるようになること。そして次は自分の発言によって相手の考えを**

コントロールできるようになることです。

そこで当時の私は相手にYESと言ってもらう訓練をするために特定のキーワードを、知人との自然な会話の流れのなかで言わせるという練習をしていたくらいです。相手が普段絶対に口にしないような言葉だと難易度が上がります。

たとえば知人の女性に女子柔道の「柔ちゃん」と言わせるとしたら、このような話の筋になるでしょう。

①東京オリンピックの話題を振る
②2020年には何をしているか尋ねる（回答は「結婚している」か「仕事をしている」かのどちらかと予想）
③いずれの回答でも「結婚しても一流でいる女性はすごい」と話題をずらす
④「そういえばあの人、誰だっけ？」でフィニッシュへ

オセロ理論で重要なことは、このヤワラちゃんの例のように目的に向かうため

に話の筋道をいかに事前に立てるかです。しかも、自然な会話の流れで行いたいので、あくまでも文脈を共有しながら、商談だと悟られないように。

話の筋の立て方がうまいといつも感心するのはテレビ通販のジャパネットたかたです。カメラを売るにしてもその機能の説明など二の次で、「お孫さんの運動会の写真がいかに綺麗に取れるか」という話をひたすらしていくのが特徴です。そして気持ちが揺らいでいるときに一気に機能説明を畳みかける。いわゆるモノ消費ではなくコト消費。話の筋道としてライフスタイルの提案から入っているから、気付いたら電話をかけているのです。

何をいったら相手がどう反応するか想像することは、成功軸や失敗軸の話ではなく経験値です。その一つの指標として存在するのが行動経済学やゲーム理論といった学問。雑談力を身につけたいならこういった知識も必要になります。

人の行動を予測して話の筋道を立てる

4 相手の心を先読みして布石を打つ

私がサラリーマン時代にメーカー直営の時計のアウトレットショップを展開していたころの話です。

週末に夫婦でアウトレットにこられるお客様を見ていると、買い物に集中したい奥さんと運転手役の旦那さんはたいてい別行動をされます。

旦那さんとしては女性向けの知らないブランドばかりでつまらない。そんななかで自分の知っている時計メーカーのアウトレットはオアシスのような存在。ウインドウショッピングの雰囲気を味わいたいので喜んで入ってこられます。

そういった事情を察知している同性の私から「お休みの日に大変ですね。店内の方が涼しいですから、どうぞごゆっくり見ていってください」と声をかけられると、旦那さんも居心地がよくなって笑顔で時計を眺めていかれます。

そこで目に止まったある腕時計。価格は20万円。旦那さんの目は輝いています。しかし、その逡巡を見ると財布を握っているのは奥さんだということが伝わってきます。そこにタイミングよく買い物を終えた奥さん登場。

そのときの私の役目は簡単で、旦那さんの味方になることです。

「奥様でいらっしゃいますか。あ、今日は買い物たくさんされたんですね」

これで奥さんは反対しづらくなります。NOと言わせないための布石です。

あとは男性用時計の相場を知らない奥さんに対して、20万円が決して高くないという一点に焦点をあてて語りかけていけば、無事お買い上げいただけます。

ここでの接客のポイントは3つ。

①相手の頭の中を先読みしたこと
②決裁権をもっている人を集中して攻めたこと
③YESと言わせるのではなく、NOと言わせないための布石を打ったこと

とくに①と③はあらゆるビジネスシーンでセットにして使えます。

しょせん人が判断を迷っているときは予算がない、費用対効果が見えない、リスクが怖いといったお決まりの理由ばかり。だから、それを先読みして取り払う。あるいは、「迷われている原因はなんですか？」と聞いてしまう。

これをいかに押しつけがましくなく、寄り添った状態でできるかが重要です。

人に決断を迫るときは、先に布石を打ってしまうという方法もあります。

たとえばはじめて雑談をするときに「イヤなお客さんってどんな人ですか？」と話題を振っておいて「ちなみに私は決断できないお客さんが苦手です」と言ってしまいます。そうしておけば私がそのあとに決断を迫ったときに、少なくとも結論を先送りにされるケースは減ります。

もしこの言い方がきついのであれば、営業トークに入る前にこう言うのもアリでしょう。「今日は決めることをしましょう。そのかわり決められない材料があればいつでも言ってください」

相手の行動が予測できるなら、それに合った話の進め方があるはずです。

社内政治に疎い人や、何事も正面突破をしたがる単純な人は「根回し」という言葉を聞くと「ずる賢い」というマイナスイメージを持つことがあります。

しかし、根回しとは物事を円滑に進めるための「障害物を取り除く行為」に過ぎません。**ようは「根回しが上手い」のではなく「察知能力が高い」のです。だから布石が打てるのです。**

「この企画を稟議にあげたら課長は反対しそうだな。じゃあ、課長がNOと言えないように部長に合意をもらっておこう」

といったように、「このボタンを押したら何が起きるのか?」を想像すること。結局は仮説力が重要なのです。

根回し上手は察し上手

5 切りたくない相手になるマル秘テク

特定のクライアントとガッチリ手を組みたいなら、自分の弱みを握らせてなおかつ相手の弱みを握るような関係になることです。

たとえば相手の交際費の上限。なかなか知りえない情報ですが、一度知ってしまえばかなり役立ちます。どのみち飲食代はホスト役が持ちますので、その費用を相手の交際費の限度額内に収めれば、あとは、ご想像の通り。間違いなく「切りたくない相手」になることができます。

こういった生々しい一次情報は雑談でしか聞き出せません。

フォーマルな席で「ぜひお食事をご一緒したいと思うんですけど、会社によってギリギリ出せる範囲ってありますよね。でも、財布は出してほしくないんですよ。会社の経費の上限はおいくらですか？」とは聞けません。

聞きにくいことは直接聞かずに、一般論から入って聞くとうまくいきます。

「先日、ある企業の役員さんとごはんをしたんですけど、その会社さん、コストカットの意識がものすごく強くて、社長以外は経費を切れないらしいんですよ。すべて事前申請式で」

「それは厳しいですねぇ」

「私も驚きましたよ」

と、さも面白いネタを仕入れたので披露したかのように思わせて、

「で、御社はどれくらいなんですか?」

と自然に投げる。するとかなりの確率で正直に答えてくれます。

もちろん、経費以外にも奥さんやお子さんの誕生日であったり、結婚記念日であったり、他人が知らない一次情報を集めれば集めるほど切りづらい相手になれます。私は、こうやって入手した極秘情報はすべてエバーノートで記録しているくらいです。そうした記念日に贈る気の利いたプレゼントや、ちょっとしたお手土産など、私たちが実際に使っているプレゼントを、巻末からダウンロードできるようにしました。ぜひ活用してください。

また、逆に本来は明かさないような自分の手の内を開示する方法もあります。

たとえば接待の席で、このような会話もできるでしょう。

「今日は私がおごります。私、基本的におごった分は自分に返ってくると思っていますから。で、今日はいくら飲みましょう？ 10万ですか、１００万ですか？」

「ほー。じゃあ、このボトル行こうかな」

「ありがとうございます！」

こうやってウン千万円の仕事が決まるのです。

ちなみにこのような生々しい方法をとらなくても、「あなたに貢献したいんです。どうやったらいいですか？」と問いかける形をとると、わざわざ相手は自分のために仕事を作ってくれることがあります。サラリーマンこそ社内でこういう働きかけをしたほうがいいと思います。

やり方はひとつではない。相手の急所をつかめ

6 「本音と建て前」を見抜く方法

「今日は無礼講ね」

上司からこう言われたら、誰しも身が引き締まる思いをします。「ああ、そっち系か」と。「普段は言えないんですけど、……」など崩しているように見せかけてちゃんと筋を通さないとあとで嫌味を言われるパターン。ハードルが一段上がります。

ハイコンテキスト文化が根付いた日本のビジネスシーンではこうした言動の不一致、いわゆる本音と建て前はよくあります。

たとえばお客さんからのクレームが入るときなど、思っていることをストレートに言ってくれる人の方が少数派です。

電化製品を買った人が、期待していた機能がついていなかったので腹いせにカスタマーセンターに電話をするとします。原因はこのお客さんが展示品のＰＯＰ

をよく見ていなかっただけなのかもしれません。でも、自分に否があると思われたら癪なので、怒りの矛先はその説明をしなかった販売員に向きます。

クレームを受ける側としては、いきなり「販売員のレベルが低い」と言われても何をどうしていいのか分かりません。「販売員にはきつく言っておきます」とその場を収めたところで問題解決にはつながらないわけです。

本音を見抜くには、いきなり本音を予想するのではなく、建て前

ビジネスシーンの「建て前」と「目的」と「本音」

建前	目的	本音
「助かるよ」	「おだてる」	「もっとやれ」
「私は構わないのですが」	「嫌われたくない」	「私も不満」
「明日、お早いんですよね」	「時計を見ろ」	「帰りたい」
「一応、東大です」	「自慢だと思われたくない」	「天下の東大です」
「顔出せそうなら出します」	「社交辞令」	「行きません」
「例の件は順調？」	「うるさい上司と思われたくない」	「報告しろ」
「バタバタしていて」	「言い訳」	「優先順位低いんだよ」
「ずいぶんにぎやかだね」	「理解のある上司に見せたい」	「仕事しろ」

の「目的」をまず予想してみるといいでしょう。

「販売員のレベルが低い」とわざわざクレームを言う目的は「販売員を懲らしめるため」と考えることができそうです。同時に「販売員の具体的な行動を一切指摘しない」目的は「何かを隠すため」とも考えることができます。

このように、発言の裏側を予想しながら話を絞りこんでいけば、いずれは本音に辿りつくことができます（クレームのときに相手の本音を見抜くと余計怒り出すので分かりやすいです。怒りは人を雄弁にさせる、とも言いますから）。

それに物事の裏側を予想する習慣を身につければ、自分が建て前で騙されないようにもなれます。

自己防衛のためにもいち早く本音を見抜けるようにしましょう。

建て前の「目的」から本音を逆算しよう

7 究極の営業トーク

雑談を介して目的を達成したいとき、ある程度の遠回りは必要だとしても、自分の意図がばれない範囲でなるべく最短でゴールにたどり着きたいものです。

究極の最短ルートを駆使しているのが、『一流の人はなぜそこまで、コンディションにこだわるのか』で共著を担当した上野啓樹さん。ダイエット指導者である彼の得意分野は食事改善です。

彼の場合は「今日の朝、何食べました？」といういかにも世間話風な質問を投げかけた時点で、じつは営業トークが始まっている理想的なポジションです。

私も個人事業主を相手にした集客コンサルをしているので、はじめてあった方と名刺交換をする際、世間話風の営業トークをよく使います。

まずは普通に名刺交換をして、さも「名刺を交換したのでこれをフックに雑談をしましょう」という雰囲気を出して質問を投げかけます。

「あ、個人事業主さんなんですね。ご自身で営業もされるのは大変そうですね。集客ってどうされているんですか？」

「もっぱらフェイスブックとブログですね」

「そうなんですね〜」

過去の経験からこれだけの質問で最大何人くらいのクライアントがいるかわかります。つづけて事業に興味を持ったふりをして具体的な話を聞きだします。

「ちなみにバックエンド（最終形）はどんな商材ですか？」

「〇〇です」

「へ〜。そういう商材って単価はおいくらくらいなんですか？」

「〇〇円でやっています」

「あ、そうですか。すごいですね」と持ち上げた次の瞬間……

「それって集客、苦労してますよね」と強烈なひとことを投げかけます。

相手は狐につままれたような表情を見せますが、それこそうまくいった証拠です。何気ない雑談しかしていないのに相手の課題を瞬時に浮き彫りにしてあげれば一瞬で「先生ポジション」を作ることができます。

これぞソリューション営業。売れないわけがありません。

世間話風の営業トークをしかけるコツはシンプルで、「自分が知りたいこと」と「相手にとって日常的なモノ」がオーバーラップする領域を話題にするだけ。

いかに相手にノーガードの状態をキープさせるかが重要です。

逆に言えば周囲もあなたに対して同じ戦法をしかけてくるということです。私のサラリーマン時代のひとつの転機となった海外駐在の件も、上司と雑談中に「お前、海外に興味あるか?」と何気なく聞かれたことがきっかけになっています。私の意識を探っていたことはあとになって分かったことで、そのときの私の返事次第では今の私はなかったでしょう。

相手のガードを下げさせても、自分は下げないように気を付けましょう。

ガードを下げさせたまま勝負に入る

8 口約束をオフィシャルな約束事に変える

先日、私はフェイスブックでこんな投稿をしました。

元々の投稿は某出版社の編集部長で、私が火付け役となったとあるシリーズ本の最新刊が出たので書店で大きく展開をしかけていくという内容でした。

それに対して真っ先にコメントを書き込んだのが私です。

「私の本と並べて展開した光景が見たいです！」という主旨のものでした。

フェイスブックという雑談風のプラットフォームでそうしたコメントが書き込まれたら編集部長としてもＮＯとは言えません。なにせ一番偉い人なわけですから「できません」が通用しづらいわけです。

そして実際、「わかりました！」と返信コメントが書かれていました。

このコメントは多くの出版関係者によって見られることを前提で書きこまれて

います。

これぞ雑談なのです。

もしこれが1対1の場面で直接言っていたら「やっておきますよ」の社交辞令を交わして終わり。それこそ雑談で終わります。しかし、公の場でのやり取りにしてしまえば、どんな口約束でもオフィシャルな扱いになります（しかも私は「わかりました！」の返信に対して「見に行きます」と裏を取る気満々のアピールまでしていました）。

私はこのとき、明確な意図をもってコメントを書き込みました。

もはや習慣のようなもので、サラリーマンは基本的に会社が決めたことに従って動いていますから、「いいましたよね！」という伝家の宝刀をいつでも抜けるようにリファレンス（誰がいつ何を言ったという証拠）を重んじる人種です。

その時代に身についてしまったNOと言わせない習慣の賜物です。

雑談をしかけるときにはその話がどうやって広がり、最終的に誰の耳にまで入るか、そしてそれがどういった影響を及ぼすのか想像することが大切です。それによって閉ざされた場で雑談をしかけるか、あえて周囲にさらしたほうがいいか決まってきます。

社内で承認を得たいと思ったときも、1対1では反対されそうなことでもみんなの前では断りにくいようなことは、あえてみんながいる会議の席で質問して後に引けない状態を作り出したり、口約束ばかりの上司からYESを貰うときは記録に残るようにメールを使ったりと、意識的にやっていました。

雑談をしかける場所とタイミングにもっと気を使いましょう。

しかける場所とタイミングも考慮すべし

9 架空の第三者を活用した交渉術

交渉術の基本のひとつに「グッドコップ・バッドコップ理論」というものがあります。直訳すれば「良い警官・悪い警官」という意味で、威圧的な態度をとる刑事と優しい刑事をわざと組ませて訊問に挑み、最終的に優しい刑事に対して心を開いてもらい自白を得るというテクニックです。

私はコールセンターのときにこのあたりの技術はさんざん鍛えられました。この理論が提唱するように「悪者」を立てることはかなりの頻度で使います。

たとえばクレーム処理を受けるときに、会社の代表者として真正面に対峙してしまってはダメです。**交渉するときの基本はグッドコップになりきって相手の真横に座り、同じ方向（バッドコップ）に向くこと。**「私はあなたの味方です」ということが相手に伝わって、はじめて本音が出てきますし、いい条件も引き出せますし、クレームであれば相手の気持ちを沈静化できます。

たとえばこのような感じでしょうか。

「そんなことがあったんですか。許せないですね！　ほかにはどんなことがあったんですか？　上には鋭意伝えておきます！」

もっと寄り添っても構いません。

「うちの会社って杓子定規なんで困っているんですよ、私も。ちょっと僕の不満話をしてもいいですか？」

ここまで寄り添われたら相手としても怒りの矛先を収めるしかありません。なかには「まあ、あなたも大変なのね」と同情してくれる人まで

クレームでは相手に寄り添う

× 正面対峙
おたくの会社、
どうなってるんだよ！
すみません…
○ 寄り添う
おたくの会社、
どうなってるんだよ！
私も納得いかないんですよ！
仮想敵

います。

私はこの理論を社内で苦手な人がいたときに味方につけるためによく使っていました。社内外に共通の仮想敵をつくって、味方同士になってしまうのです。

交渉では相手の横に寄り添う

10 雑談のビッグウェーブを見逃すな

私は先日、インターネットを使った新規事業をローンチしました。実はそのきっかけをつくったのも雑談、実現したのも雑談です。

きっかけとなったその日は、東京のとある先生（士業の方）を含めた何人かで会食をしていました。先生とは初対面だったので最初は相手を立てることからはじめ、少し場が和んだと思ったらすかさず自分のフィールドに話題を引き寄せるためにこう言いました。

「立派な資格をお持ちですが、商売に活かせていない方が多いですよね！」

するとこの言葉に同席していたとある会長さんが好反応を示し「俺がその資格をもっていたら20億は稼げるね」とおっしゃいました。

理想的な展開です。

そこから話はいかにその資格で収益が挙げられるかで盛り上がり、続々とアイデアを出し合う展開になりました。

と、ここまではよくある話かもしれません。

ただ、その雑談に参加していた人たちのベクトルやスピード感が見事に一致していたので、アイデアの発散だけで終わらせるのはもったいないと感じました。

そこで話をうまく誘導しながら、利害関係の洗い出しや調整などを含めたアイデアの収束もその場でこなし、会がお開きになるころにはビジネスモデルの大枠で合意。最終的にはインターネットサイトを立ち上げて、先生の営業をお手伝いすることになりました。

そして別れ際には「次回お会いするときは詳細を最後まで詰めましょう」と布石も打つことも忘れませんでした。

そして後日、約束通りその先生と詳細を詰める打ち合わせをして、「ではこれでいきますが、よろしいですね」と最終確認をしたのが17時。

普通ならそこで「じゃあ持ち帰ってエンジニアに指示を出しますね」といった話は終わるものですが、私はそうはしませんでした。

というのもその晩、先生を含め、新規サービスの潜在顧客となりうる複数の経営者の方との会食が決まっていたからです。

私はすぐさま自社のエンジニアに電話をかけて仕様を説明し、会食に合流。その席では経営者さんたちに新しいサービスのメリットを語りつつ、たまに入ってくるエンジニアからの質問に答えて、20時にはプレリリース版が完了。

その場で先生と一緒にサイトを見ながら修正箇所をエンジニアに伝えて、22時には公式にオープンまでこぎつけました。わずか5時間の出来事です。

しかも、会食の席にいた3人の経営者の方には、「みなさんは仲間ですからお金なんて頂戴したくありません。無料にしますので、2社ご紹介してもらってもいいですか?」と提案したところ「それくらい簡単だよ。10社くらい紹介するよ」とその場で契約もしていただきました。

雑談は生き物です。その場の空気感や熱量は再現したくてもできません。

だからこそ、**アイデア出しで話が盛り上がっているときは一気にアイデアを詰め、調べられることがあればその場で調べてしまい、事業に興味をもってくれる**

人がいたら話をできるだけ具体化することが大事なのです。

しかも会議と違って雑談ですから、電話をかけるために席をはずしても支障はきたしません。自分が営業活動をしている時間にほかのスタッフが同時進行で制作を進められるなら、時間のレバレッジが効かせられます。

もし最初のきっかけとなった会食で、話題を野球の話などに変えていたらこの仕事は生まれていません。もし、実作業を翌日に先延ばししていたら3件の契約は取れていません。

「早いね」と言われるくらいの仕事は誰でもできますが、「もうできたの?」と相手を驚かせることは難しい。だから価値があるわけです。

雑談でもスピード感が必要になる場面に必ず遭遇します。「鉄は熱いうちに打て」のことわざ通り、攻め時をみすみす逃してはいけません。

「もうできたの?」と言わせろ

11 商品を高く買ってもらうコツ

ある商品を10万円で売りたいとします。

価格交渉の基本テクニックといえば希望する価格より高めに提示をして、譲歩をした素振りを見せてお得感を演出し、希望の価格で売りつけるという方法です（「定価15万のところを今なら10万円！」というように）。

交渉法としてはわかりやすいですが、インパクトは最も小さい方法です。

理想は、顧客に10万が安いと思わせること。そうすれば商品を買ってもらったあげく、感謝までされるようになります。

私なら、雑談を駆使して20万でも安いと思わせるような雑談風の営業トークをしかけます。結局、値段が高いと感じるか安いと感じるかは買い手の主観、つまり判断基準によって変わってくるので、大事になのはいかに相手の判断の基準値を変えられるかです。

たとえば私がアップルのマックブックを売り込むとします。

このマシン、ウィンドウズの同等のスペックのマシンと比べると、2、3万は高いわけです。そのためパソコン1台の価格という判断基準で商品を比較している人からすれば、なんだか損をする気分になりかねません。

ではどうするのか。

私は真っ先にマックブックの起動の早さについて触れます。こういうことは体感させた方が納得度が高まるので、実際にウィンドウズマシンと並べて起動させるのも一手でしょう。そしておもむろに相手に対してこういいます。

「パソコンって1日に何回くらい開きますか?」

「10回くらいかな」

「多いですね。マックブックならウィンドウズに比べて1分早く起動できますから(※)、1日で10分節約できます」(※例えであり実測値ではありません)

「微妙な数字だね」

「ただ、10分といったら3駅分ですからね。いまお住まいの家から3駅会社に近くなったら、家賃ってどれくらい変わりそうですか？」

「1万くらいかな」

「ですよね。このマックブックが2年もつとしたら1万×24ヶ月で24万です。3万のプラスであっても21万もお釣りがきますよ！」

これぞ基準のすり替えであり、植え付けです。人は「なるほど！」と思うと子供のように素直になって物事を受け入れやすくなるという特徴もありますので、相手の目がキラキラしているうちに契約書にハンコを押させるのが肝です。

結局、人を思い通りに動かしたいなら、それに見合ったストーリーを準備しておいて、それをオフの領域でいかに刷り込めるかにかかっています。これをもっと雑談風に展開するのであれば、あらかじめ会話の冒頭で相手が住んでいる場所を聞いておくというのもいいでしょう。

相手の基準を変えれば納得してもらえる

12 交渉に臨むときは代替案をもつ

いかに雑談を通して相手を納得させたり、人を動かそうとしたりしても、100％自分の思惑通りにいかないことなど日常茶飯事です。ましてや雑談力を磨いていない人が大きな提案を押し通そうとしても、上司なりクライアントなりに言いくるめられてしまう可能性の方が高いかもしれません。

交渉事にのぞむときは常にプランBを持つことを忘れないでください。

自分の思惑が滑ったときのセカンドオプションを事前に用意しているかいないかで交渉の進め方もまったく変わってきます。

よくあるのがプランBを持たずに、自分の意見を100％押し通そうとして無駄な衝突を生むケースです。代替案があれば落ち着いて交渉ができるのに、後がないために感情的になってしまう人が大勢います。

これではただのわがままだと思われても仕方ありません。もしこれが社内交渉であれば「融通の利かないやつ」という噂が広まりかねません。

事前にプランBを考えなかった結果、交渉の席で熟慮する暇もないまま代替案を提示して、結果あとで後悔するようなケースもあります。事前に仕込めるものは仕込んでおきましょう。

また、交渉のときに重要なのは、譲れるものは譲るということです。**交渉は０か１００かで行うものではありません。**そうするからこそ「ここまで譲ったので、一点だけわがままを通していいですか？」という攻め方も可能になります。

また、自分が絶対に譲れない点を知っておくことはもちろん、交渉相手が譲れない点も把握しておかないと真っ当な交渉などできません。もしそれがわからないのであれば直接聞くことです。

相互が譲れない点を知っておく

13 ビジネスにはかならず意図がある

先日、私が携わった本をきっかけに地方のテレビ局から共著者の方へ出演依頼が入りました。その詳細を詰めるために出版社の会議室に集まったのは、私と出版社の広報Tさん、相手は地方テレビ局の方、大手広告代理店の方、そして地方新聞の営業の方でした。

「テレビ番組の打ち合わせのはずなのに、なぜ新聞の方が？」と思いましたが、打ち合わせで渡されたA４の資料を見てすぐに気付きました。資料の内容はほとんどテレビの件でしたが、左下に地方新聞の広告枠の話があったのです。しかも、資料のなかで一番目立つ赤い字で。

「テレビに出させてあげるから広告枠を買ってね」という意味だと解釈しました。

ただ、広報のTさんはしきりにテレビの件について質問をしていきます。無料で本の宣伝ができるわけですから興味がいくのは当然です。おそらくTさんとしてはテレビに出るなら新聞広告は要らないと判断したのでしょう。

先方も新聞の話をなかなか切り出してきませんし、Tさんはそのまま打ち合わせを終えようとする勢いだったので、私が口を挟む番がきました。

「で、こちらに書いてある新聞広告はおいくらなんですか？　格安であれば考えますよね、Tさん？」

もし、あのとき見て見ぬふりをして打ち合わせを終わらせていたらどうでしょう。きっと「あの会社は乗ってこない」と解釈されてしまって、今後、どんな割安の特別オファーが用意されても声はかからないはずです。

私がしかけた雑談で重要なポイントが2点あります。

まず、明らかに相手の意図が見えているものをさわらないことは不誠実だということ。企業対企業の関係であっても、たった一人の担当者の態度でそのパイプはあっさり消えてしまうものです。仮にそのときは不要なパイプであっても、将来の可能性を広げていくにはパイプはいくらもっていても損はしません。

ビジネスチャンスはチャンネル（接点）の多さに比例します。その接点は切り捨てることさえしなければチャンスは続くのです。「その場で決めないといけないこと」と「いずれ決めたいこと」の2つを混同しないことが大切で、物事を温める感覚はビジネスに絶対必要です。

もうひとつのポイントは断わり文句を用意したこと。

「価格次第では考えます」という前ふりは交渉を有利にすすめるために効果的です。ようは商品（広告）自体には興味はあるという歩み寄りの姿勢をみせているので、価格が合わなかったとしても相手が気分を害することはないからです。

提示された金額が高いのであれば「残念です。どうしても予算と合わなくて」と言えば済む話で、新聞社の営業さんが会社に戻ったとき、「あの会社は予算次第では買ってくれそうですよ」と上司に報告してくれるはずです。

私がビジネスの話をするときは、相手がその会社でどのような立場にいるのかまで考えるクセがついています。

「この資料はよくできているからきっと上司のチェックが何回か入っているんだ

ろうな。ということは、帰社したらしっかり報告されそうだな」と、ハズレていてもいいので仮説を立てることです。

仮説を立てない限り、雑談をどうしかけるのか検討もつきません。

少なくともビジネスでは、何事にも意図があります。**雑談をするときも常にその「なぜ」を想像することで効果的な一手が打てるようになれます。**

「なぜ新聞社が来たのか」、「なぜ向こうから売り込んでこないのか」、「なぜTさんは新聞について触れないのか」。それらの意図を想像して、利害関係を調整しながらベストな答えを導きだす。

もし想像できないなら聞けばいいのです。「○○テレビさんと○○新聞さんって、資本提携してるんですか？」と。それができるのも雑談の強み。向こうも説明のチャンスなので語ってくれ、より相手の意図が明確になっていきます。

「なぜ？」を考えないと雑談はしかけられない

14 信じるな、疑うな、確かめろ

本音と建て前はどちらかというと経験値の話ですが、情報が命であるビジネスの世界では仕入れた情報がウソか本当かは見抜けたほうがいいです。

たとえば先日、私のもとに投資話をもってきた男性がいました。少し話を聞きだしてみると、どうやら親戚が仕手をやっていて、その人と組んでやるので絶対にうまくいくと言うのです。

ちなみに仕手とは特定の銘柄の株をまとめ買いして相場を動かし利益を得る金融テクニックのこと。私自身、学生時代に先輩に付いて仕手に絡んでいたので（もちろん合法です！）、少し突っ込んで聞いてみることにしました。もちろん、自分が経験者であることはあえて明かさずに。

「へえ、仕手ですか。どんな銘柄ですか？」

「一部上場企業しかやりません」

「それはすごいですね。どれくらいの額を動かしているんですか？」

「詳しいことは言えないんですよね」

「では、どんな手法ですか？　言える範囲でいいんですが」

「それもちょっと……」

「もう一度確認しますが、一部上場企業の仕手ですよね」

「そうです！」

これ、ウソですよね。それだけの規模を実際に動かしているなら私のアンテナに引っかかっているはずだというのがまず一点。さらに、今回の話は仕手の経験者である私がまったく具体的な将来像をイメージできなかったという点で、ウソだと結論付けました。

ちなみに詐欺話で多いのは数十億円規模のビジネスモデルです。というのも、詐欺師にとって数十億円はケタ外れの金額ではないので、「それっぽい話」をつくりあげやすいからです。しかし、一部上場企業の仕手となるとケタが変わります。そこまでいくと未経験者はとたんに絵が書けなくなるので、話の中身がスカスカになります。今回の話はまさにそのパターンでした。

ビジネスシーンでこういった雑談をするときは「組むか組まないか」を決めることが目的なので、相手の言い分の真偽は、はっきりさせないといけません。

私がよく部下に言う言葉があります。

「信じるな、疑うな、確かめろ」

相手を盲目的に信じ込むのはあまりに無防備で、そうかといってなんでも疑うのも失礼な場合があります。その場ではフレンドリーに対応しつつも、ニュートラルな状態で自分が納得するまで聞くなり確かめようということです。

もちろん、リスクがないことまで確かめる必要はありません。ただ、お金が絡んでくることなら一方向だけで見ないで、知り合いに確認したりインターネットで調べたりと、かならず裏を取りにいくのが基本です。もし相手が裏を取る猶予を与えてくれないなら、躊躇なく断ったほうがいいです。真っ当なビジネスパーソンであればそのようなことはしません。

また、真偽を見抜くもうひとつの基準は相手が抽象論ではなく数字を語れるかどうかです。今回のように抽象論だけでは話になりませんし、仮に本当だとしてもビジネス提案の場面で数字を語れない人と組んではいけません。

ついつい自分を大きく見せたいという気持ちはわかります。それ自体は悪いことではありません。言っていることより実際少し小さいくらいの話であれば、リスクはあってもまだ組む余地はあります。ただ、ゼロのことを100のように語る人と組んだら絶対に失敗します。

ビジネスの世界では「都合のいいやつ」と思われたら負けです。「こいつちょろいな」と思われたらみんなからつけこまれるのです。私は、先日6000万円の入金があったときに想定より6000円多く入金されていたのですぐに理由を確認しました。こうした地道なことをして「お金にしっかりしている」と思わせないと、今度は10万、100万をごまかされる可能性があるのです。

弱みを見せたらつけこまれる

15 イフトークで話を引き出す

あなたはクライアントに対するプレゼンを終えました。

相手は何か物足りなそうな顔をしています。そんなとき、みなさんはどのように話を聞きだしていますか？　ひょっとしてこう聞いていませんか？

「何か質問はありますか？」

人は漠然とした質問されると考えることが面倒になってしまって、「大丈夫です」と言ってしまう傾向があります。

私ならこう言います。

「もし社内で共有していただく情報が足りないとしたら、どういったものがありますか？」

「もし〜だったら」という問いかけのことをイフトークと言います。目的は同じであっても、こう問いかけると相手は必死に答えを考えてくれます。

相手から情報を引き出したいとき、とくに相手の本音を引き出したいときに強力な武器になります。

例えば契約を取りたいなら、相手が契約するか悩む前の段階で、次のようなイフトークをしかけるといいでしょう。

「もし契約するとしたら、どちらの支払い条件がいいですかね」

「もし買うとしたら、AとBとCのどれが良さそうですかね」

あくまでも「仮定の話」として相手に話を振ると相手の心理的なバリアが下りた状態で本音が出やすくなります。

そうやって導き出した情報を基にして相手の判断基準を絞っていくことで、リスク要因や懸念材料をひとつひとつ潰していけるので、最短でゴールに近づくことができます。

仮定の話なら心を開いてくれる

16 いい企画は連想ゲームと持ち球開示で生まれる

いいアイデアを出したいときにブレストをするケースはよくあると思います。ただ、ブレストはオフィシャルな会議であって雑談の領域ではありません。

私の考えですが、アイデアを出そうとするときに「さあ今からアイデアを出しましょう」とかしこまるのはあまり効果的だと思いません。もちろん、ファシリテーションの技法としては有効ですし会議室で行う前提であればいいでしょうが、本当にクリエイティブなものは雑談でしか出てこないと思っています（テレビの企画会議なども一応会議室ですが、お菓子などが置いてあって、ざっくばらんな雑談の中からアイデアを出すそうですね）。

私が理想とする雑談とは連想ゲームがうまく続くときです。

「最近、こんな本を読んだんだよね」

「それ私も読みました。○○の視点が面白かったですよね」
「そうそう。あの視点を使ったビジネスができないか考えているんだけどね」
「私もです（笑）」
「さすがだね。いま自分が考えているのは……」

このような感じで、ひとつの話題をきっかけにお互いの知識や考え方を披露しあいながら何かが生まれるのを待つ感覚。とくに一流の人を相手にこうした連想ゲームをしていると、「そんなネタまでもってるんですか!?」と驚かされることが多いのでじつに有意義な雑談になります。

この連想ゲームで重要なことは、**人から情報を得ようとするのではなく、自分の持ち球を積極的に開示していくことです。**

『アイデアのつくり方』（CCCメディアハウス）ジェームズ・W・ヤング博士による『アイデアのつくり方』（CCCメディアハウス）に書かれている通り、「アイデアは既存の要素の新しい組み合わせ以外の何ものでもない」からです。

そのため、俎上《そじょう》に上がっている話題が自分の持ち球に引っかかるなら、とりあえず言ってみることが大事です。

「あ、それなら学生時代に勉強しました」
「実際にそれをやっている人を知っています」
「うちの母親、そこの出身ですよ」

それで相手が反応しなかったら話題を下げて、また連想ゲームを続ければいいだけの話で、「どうせ関係ないかな」という消極的な姿勢では意図せぬ化学反応は生まれません。もしトーマス・エジソンが「電気なのに竹？ ありえねぇ」と可能性を遮断していたなら、白熱球は生まれなかったわけですから。

もちろん、会話の冒頭でいきなり「ミャンマーの通信インフラ事業について興味あるんだけどさ」と大きくヘビーな情報をドンとテーブルに置いても滑るリスクがあるので、最初は「東南アジアの新興国ってビジネス的に熱いよね」くらいに控えめに出して、相手の反応をみるといいでしょう。

経済学でいわれる「情報の非対称性」（＝情報格差）という概念の通り、人がもっている情報は必ずバラつきがあります。その格差が大きいままでは雑談が雑談で終わる可能性が高いですが、**格差を小さくしていけば化学反応が起きる可能能**

性が高まっていきます。

ちなみにアイデアが湧いたらあとはやり方論なので話は簡単です。

これこそリソースの組み合わせの話なので、実現するための情報と方法にフォーカスするだけです（極論を言えばどんなやり方でもＯＫ）。私の場合、「やること」で悩むことはいつものことですが、「やり方」で悩んだことは一度もありません。

情報格差を縮めるほど、化学反応が起きやすくなる

おわりに

雑談力を普段磨いていない人が、絶対に失敗してはいけないタイミングで大勝負に出ている。

このような場面に出くわすと、他人事ながらいつもこう思ってしまいます。

「ずいぶん攻めたなぁ。でも、うまくいったとしてもたまたまだよね」

それはまるで市場調査も経ていない商品を大量につくってマーケットに放り込んだようなもの。冷静になればありえないことを平気でする人が大勢います。

ビジネスは百戦百勝を目指すゲームではありません。

世の中には負けていい勝負がたくさんあります。とくに20代で役職もないころの勝負など、ほとんどが練習試合です。

大事なことは、その練習試合で辛酸をなめ、成長できるかです。

この本を読んでいただいて、人に会いに行く時、雑談をする時に雑談を意識してもらえれば、まずは十分です。

負けることを怖がって試合にすらでない、または、負けてもいい勝負だったことに気付かないで自信を無くす。こんなもったいないことにならないように、早めに「仕事が生まれる雑談力」を身につけて欲しいのです。

大舞台の勝負で勝ちたいなら、小さな失敗など恐れずとにかく実践です。

だから、この本を閉じたら、ぜひお願いしたいことがあります。

「なるほどな」と思った内容だけで構いません。すぐに実践してみてください。

上司に武勇伝を語らせていいお酒をおごってもらうのでも、夜のお姉さんを口説いてみるのでも、久しぶりに奥さんを褒めてみるのでも構いません。

例えば、私が主催しているオンライン勉強会「チーム１００」(http://savers-inc.com/team100/) や、俣野が主催している私塾「プロ研」(http://www.matano.asia/campus/) を活用するという方法もあります。

もしも雑談がうまくいったら、雑談風にＳＮＳで紹介してください（笑）。

小川晋平

読者のみなさまへ特別なプレゼント

プレゼントその1　特別対談音声（約40分間）

著者（小川晋平×俣野成敏）対談音声

著者2人が雑談で仕事が取れるようになったきっかけとは？
プレゼントのためだけの音声録りおろしが手に入ります！

プレゼントその2　気が利いてる人だと思われるプレゼント10選

経営者が使っている手土産の情報

「あの人、ちょっと違うな」と思ってもらえる気の利いたアイテム。
同僚や取引先からの評判が高まること間違いなし！

プレゼントその3　1万冊の中から厳選された20冊を読み込め！

会話の幅が拡がる書籍まとめ

年間1000冊のビジネス書を購入する小川と、ビジネス書を12冊出版している俣野が、「会話によく出てくる書籍」を合計10冊紹介。
「一流の人」が使っている本を是非アナタにも！

プレゼントその4　著者に無料講演を依頼する権利

一流と触れ合う機会が一流を作る

「10 人以上の勉強会・講演会」などに、小川や俣野を講師役として無料で呼ぶ権利。前作では某大手ビールメーカーや地方青年会など 100 件近い引き合いがあった「招集権」を先着 50 団体様に！

いますぐ下記のURLにアクセスし、読者限定の4大プレゼントのチャンスを逃さないでください!!

http://savers-inc.com/zatsudan/

【著者略歴】
小川晋平（おがわ・しんぺい）
慶應義塾大学経済学部出身。17歳の時にオンライントレードを始め、大学進学時には億を動かすデイトレーダーになるも、ライブドアショックでご破算に。借金を背負う。IT系ベンチャー企業でSEとして勤めたのち、他企業のオフィスを間借りして初期投資ゼロのコールセンターを24歳で起業。26歳で六本木ヒルズにオフィス移転。29歳で社外取締役含め10社に関与、世界から「手数料商売」をなくす分散型事業を行う。自身も時価総額日本Top10企業含む一部上場企業のコンサルタントとして活動。ライフワークとして起業家、起業志望者と資産と収入を2倍にする『チーム100』を主催。

俣野成敏（またの・なるとし）
1993年、シチズン時計株式会社入社。リストラ候補から一念発起。社内起業での功績が認められ、33歳でグループ約130社の現役最年少の役員に抜擢、さらには40歳で本社召還、史上最年少の上級顧問に就任する。この体験をもとにした『プロフェッショナルサラリーマン』（プレジデント社）を筆頭に、これまでの著作の累計は25万部を超える。2012年独立。複数の事業経営や投資活動の傍ら、私塾『プロ研』を創設してプロフェッショナルサラリーマンの育成にも力を注いでいる。

一流《いちりゅう》の人《ひと》はなぜそこまで、雑談《ざつだん》にこだわるのか？

2015年10月21日　初版発行
2015年10月23日　第2刷発行

発行　株式会社クロスメディア・パブリッシング
発行者　小早川幸一郎
〒151-0051　東京都渋谷区千駄ヶ谷4-20-3 東栄神宮外苑ビル
http://www.cm-publishing.co.jp

発売　株式会社インプレス
〒101-0051　東京都千代田区神田神保町一丁目105番地
TEL (03)6837-4635（出版営業統括部）

■本の内容に関するお問い合わせ先 ………… クロスメディア・パブリッシング
TEL (03)5413-3140／FAX (03)5413-3141
■乱丁本・落丁本のお取り替えに関するお問い合わせ先 ………… インプレス　カスタマーセンター
TEL (03)6837-5016／FAX (03)6837-5023／info@impress.co.jp

乱丁本・落丁本はお手数ですがインプレスカスタマーセンターまでお送りください。送料弊社負担にてお取り替えさせていただきます。但し、古書店で購入されたものについてはお取り替えできません。
■書店／販売店のご注文受付 ………… インプレス　受注センター
TEL (048)449-8040／FAX (048)449-8041

カバー・本文デザイン　上坊菜々子
編集協力　郷和貴
ISBN 978-4-8443-7437-4 C2034
印刷・製本　株式会社シナノ